U0923619

图书在版编目（CIP）数据

揭秘那些被演义的历史 / 赵志超著 . -- 北京 : 中国文史出版社 , 2017.10

ISBN 978-7-5034-9384-3

Ⅰ . ①揭… Ⅱ . ①赵… Ⅲ . ①中国历史 – 通俗读物 Ⅳ . ① K209

中国版本图书馆 CIP 数据核字（2017）第 151288 号

责任编辑： 刘 夏
封面设计： 陈欣欣

出版发行： 中国文史出版社
网　　址： www.chinawenshi.net
社　　址： 北京市西城区太平桥大街 23 号　**邮编：** 100811
电　　话： 010-66173572　66168268　66192736（发行部）
传　　真： 010-66192703
印　　装： 廊坊市海涛印刷有限公司
经　　销： 全国新华书店
开　　本： 1/16
印　　张： 16.25
字　　数： 187 千字
版　　次： 2018 年 1 月北京第 1 版
印　　次： 2018 年 1 月第 1 次印刷
定　　价： 42.80 元

序

中华民族有着悠久的历史和灿烂的文化，在世界几大古人类文明中，只有我们中华文明几千年延续不断，而且有着非常完善的文献史料留传。中国人对于自己的历史十分重视，无论是饱学鸿儒还是市井白丁，对于历史上的人物、事件，多少都能说出个一二。这种全民对自身历史文化的熟悉，在世界其他民族当中是很少见的。

在中国民间，流传非常多的历史故事。这些故事，都是以真实的历史人物、历史事件为基础进行艺术加工而成的。人民群众在传颂这些历史人物、事件的时候，不可避免地要加入自己的喜好和价值判断。这样，本来在史书中记载得干巴巴的故事，在民间就变得丰富多彩起来，可是同时，距离历史的真相也就越来越远。历史形象，在不断的扭曲之后，形成了与史书中差别很大的民间形象。由于这些民间形象比起史书中的形象更加深入人心，所以往往取代了真实的历史形象，经过多年流传之后，反而被人们误会为真实的历史。

除了民间对历史的演绎以外，专制帝王的统治需要，也是造成历史被扭曲的原因。历代专制帝王都希望将人民的价值观和思想意识纳入自己控制之中，他们为了维护自己的专制统治，需要人为地树立一些符合君主需要的形象作为民众的榜样。比如说，本来在三国时期只是一个普通武将的关羽，到了宋朝被封为王，到了清朝就成了与孔圣人并立的武圣人。由于专制君主掌握着很大的权力，他们可以利用这些权力完成对历史形象的改造，有的时候比民间口耳相传更容易奏效。不过，经过皇权改造的历史形象，如果不能与民间的形象相一致，那也不大可能维持长久。也就是说，在历史上，专制君主如果只考虑自己的需要而不考虑民意，硬要塑造出一个万众景仰的历史形象，其结果必然也是失败的。但一旦实现君主政治需要与民间需求高度结合，那么这样的历史形象则会取得惊人的影响力。

史书的编写过程，其实也是对历史的一种加工。中国自古就有设立史官的传统，史官负责记录下每一年发生的重大事件。中国的史官曾经有很好的传统，那就是不畏权贵、秉笔直书。春秋时期，晋国史官董狐，面对权臣赵盾，大胆书写“赵盾弑君”，加以谴责；齐国史官为书写权臣弑君之罪，不惜以命相搏，哥哥死了弟弟接班，弟弟死了更小的弟弟接班，最后终于使权臣低头，不再干涉史官的记录。应该说，史官的气节值得我们钦佩。但是史官在记录历史的时候，也不可避免地要加入自己的主观情感。比如说，司马迁的《史记》，是我国历史上最重要的史学著作之一，位列《二十四史》之首。可是经过历代学者的校勘、比对，发现《史记》中记载不实之处相当多。我们当然不能说司马迁有意篡改历史来误导我们，只是任何人在编写史书的时候，都避免不了自己的主观倾向。

史书是由文化人书写的，中国古代的文人们大多有一种借史言志的情结，历史人物在他们的笔下，往往成为抒发自己情感的载体，这就更容易造成对历史的误读。而且，中国古代的文人们，虽然号称“秀才不出门，尽知天下事”，可实际上只会读圣贤书的他们，对于很多专业领域的事情，并不怎么了解。比如一个军事将领，在军事家眼中或许才能平庸，但是在文人眼中可能是了不起的英雄。可是偏偏掌握着文化传承大权的，是文人，而不是各行各业的专业人士。文人们按照自己的价值观对历史进行解读，也是造成我们离历史真相越来越远的重要原因。

而最后要说的一点，就是史料的缺失，也是造成我们对历史误读的一个因素。很多时候，随着新资料的发现（比如考古发掘），我们常常能够对史书上记载的某一段历史进行重新编排，以更接近事实的真相。

我们这本书，就是要揭秘那些在长期流传中被扭曲的历史人物、历史事件，还他（它）们以历史的本来面貌。中国几千年的历史当中，被误读的地方简直数不胜数。我们从中选取一些影响力比较大的进行重新解读，以期澄清人们的误解。同时，也会稍加分析这些误解之产生的具体原因，解释那些历史形象是如何一步步被扭曲的，从而尽可能地把历史的真实展现在人们面前。

目 录

文人捧红的“飞将军”

尴尬的武圣人关羽

智慧化身武乡侯

《三国演义》演出三国

历代暴君的样板——商纣王

公元前1046年初，曾经权倾天下、不可一世的商纣王，正坐在鹿台之上，呆呆地看着下面。

鹿台是商纣王专门建造用来玩乐的一座高台，可是现在，富丽堂皇的鹿台显得阴森惨淡。在商纣王身边，早已不见了昔日前来奏事的大臣。与这个悲凉的气氛极不相称的是，商纣王把一大堆平时搜刮来的金银珠宝，都挂在了自己的身上。而鹿台的外面，则堆起了一圈易燃的木柴。

前线商军全面溃败的那一时刻，商纣王就知道自己的生命走到尽头了。这个聪明机敏又力大无穷、曾经宣称自己“生不有命在天乎”的君王，此刻深深地意识到，他口中的“天”，已经不再眷顾他了。

在牧野取得决战胜利的周军，正和其他诸侯的军队直趋殷商的都城朝歌（今河南淇县）。一旦周军攻进朝歌城，商纣王，这位高高在上的天子，就将成为阶下囚。

我的生命，不是那帮西边的野蛮人能够左右的！商纣王恨恨地想着。他命令侍从，点燃鹿台下面的木柴。他要在这熊熊大火中，带着他的金银珠宝，一起去见殷商的列祖列宗，向他们报告自己所做的一切，让他们给评评道理：我到底是不是一个无能的暴君？

火焰带走了商纣王的生命，也带走了一个曾经强盛的朝代。商纣王死后不久，周武王便带着诸侯联军，攻进了朝歌城。

在瓦砾堆当中，周军找到了商纣王的尸体。由于身上有珠玉环绕，所以纣王虽死，但尸体并未完全被烧焦，还可以依稀辨认出模样。

周武王把商纣王的头颅砍了下来，展示给天下诸侯，表明大周已经取代了商朝，建立起了一个崭新的朝代。

随后，周武王班师回国，在周族的太庙里，向列祖列宗报告灭商的喜讯。在祷词中，周武王历数商纣王的罪恶，说他残害万民、暴殄天物，还庇护那些犯罪逃亡的囚犯。商纣王已经激起了天下诸侯的怨恨，所以周武王才兴义兵，灭了商朝。

周武王把自己灭商的行为，说成是顺天应民的英雄之举，这也就给商朝的末代君主纣王，留下了千载骂名。

一　史书中的商纣王

如题，说起中国历史上的暴君，有两个人是无论如何也跑不了的：一个是桀，一个是纣。桀是中国最古老的夏王朝之最后一位君主，纣则是商王朝的末任君主。这两个人都是亡国之君，一般在各种文章中都是桀、纣并称，把他们当作暴君的样板。

而在桀、纣这两个君主之中，又以商纣王更为人们所熟悉。夏朝毕竟离我们太过遥远，夏桀的事迹仅在史书中有零星记载，又没有与其相关的文学作品流传后世。而商纣王则不同，借着《封神演义》等一系列姜子牙斩将封神的故事，商纣王的名字可谓是家喻户晓，妇孺皆知。

《封神演义》系列故事，详细描写了商纣王是如何得罪神明，然后在妖孽的引导下，一步一步堕落为荒淫无道的暴君，并最终丢了江山的过程。

小说家言，自然不可全信。尤其是这些传说中还夹杂着神仙鬼怪，这就更不靠谱了。那么，史书中记载的商纣王，到底是个什么样子呢？

据各种史书的记载，商纣王的父亲是商王帝乙。帝乙至少有两个儿子，长子名启，通称微子启，少子名受。微子启的母亲地位比较低下，而受的母亲则是帝乙的王后，所以帝乙就立受为继承人，受也就是商纣王。

据说商纣王力大无穷，能徒手和猛兽格斗。纣王不仅勇武有力，而且还聪明善辩，一般的大臣都说不过他。

这样，商纣王就觉得自己是天下第一的能人，谁都不如自己英明。对于大臣们的劝谏，商纣王全都不当回事。

大臣们的话，纣王听不进去，可是美女的话，纣王言听计从。纣王宠爱一个名叫妲己的美女，妲己让他干什么，他就干什么。

为了和妲己尽情地玩乐，纣王加重人民的赋税，大肆兴建宫殿园林。他建造了一座高达千尺的鹿台，在上面堆满了金银珠宝，甚至鹿台的栏杆都要用玉雕成，以玛瑙作为装饰。

纣王和妲己成天在鹿台上欣赏歌舞，听靡靡之音。长期挥霍，需要更多的粮食，纣王就把收集来的粮食储存在大仓库里，即使遇到水旱灾害也不发给老百姓。

更荒唐的是，纣王还让人开挖了一个大池塘，里面填满美酒。在池塘边种上一片树林，树木的枝干上都挂上肉脯。这一套娱乐项目叫作“酒池肉林”。纣王还命令一些年轻的男女不穿衣服，在酒池肉林间嬉戏，以满足纣王淫乐的欲望。

纣王的倒行逆施，激起了老百姓极大的不满。很多人都站出来反对纣王的统治。纣王为了维护自己的权威，就设立严刑峻法来惩治民众，其中最著名的就是炮烙之刑。

炮烙之刑就是在炭火上架一根铜柱子，让犯罪的人光着脚走在上面。罪犯不堪炙热，站立不稳，就会掉到炭火里烧死。

在纣王的淫威之下，很多诸侯也难以自保。纣王的时代，有三个周边小国的诸侯，都在商朝担任官职。他们分别是九侯、鄂侯、西伯（周文王姬昌）。

九侯为了讨好纣王，就把自己的女儿嫁给了纣王。谁知九侯的女儿生性耿直，不喜欢纣王搞出来淫乐的那一套。纣王一怒之下，杀了九侯的女儿，还迁怒于九侯，把九侯剁成了肉酱。

九侯拍马屁拍到了马蹄子上，惹了杀身之祸，鄂侯看不下去了。他到纣王面前去争辩，希望纣王能放弃种种荒唐的做法。纣王才不在乎呢，被鄂侯说急了，干脆命令把鄂侯杀了，做成肉干。

两位同僚的送命，使西伯震惊不已，但是又不敢表现出不满，只好暗自感叹。谁想他的叹息被纣王的爪牙崇侯虎听到了，崇侯虎就到纣王面前告状，说西伯心怀不满，纣王就把西伯囚禁起来了。过了九年，西伯献出土地财宝，才被放了出来。

商朝的老臣们，对于纣王的残暴作风也深感担心，纷纷劝谏纣王。纣王认为自己是天命所归，谁也不能把自己怎么样，就对劝谏的大臣说："我生不有命在天乎！"

在纣王自大而残暴的同时，西面的周族已经兴起。西伯姬昌回国之后，励精图治，任用贤人吕尚（姜子牙）发展国力。姬昌被周人尊为文王，而他的儿子姬发则被尊为武王。周族在文、武两王的领导下，逐渐铲除商朝周边的同盟国，一点一点地蚕食商朝的天下。

那些忠于商朝的大臣们，看在眼里，急在心中。纣王的哥哥微子启屡次劝谏纣王，纣王不听，微子启失望至极，感到商朝已经无可救药，就逃离了朝歌，躲了起来。

比干是纣王的叔父，觉得自己不能弃大商的江山社稷于不顾，就屡次劝谏纣王。纣王烦了，就说："人家都说叔父你是圣人。我听人说圣人的心有七窍，现在就展示给我看看吧。"于是把比干剖腹挖心。

比干惨死之后，另一位商朝贵族箕子也害怕了，只好佯装自己疯了。商纣王就把箕子囚禁起来。

忠心耿耿的大臣们死的死、逃的逃，纣王就提拔了一批奸佞之臣在自己身边，这些人是费仲、蜚廉、恶来等。这些人阿谀奉承、助纣为虐，干尽了坏事。

在纣王已经众叛亲离之际，周武王的奉天讨罪大军，集结了约八百大小诸侯，发动了对商朝的决战。诸侯联军进攻到商都郊外的牧野，离商都近在咫尺。

此时商纣王的主力部队正被派去平定东方的叛乱，来不及调回。商纣王匆忙之下，只好把刑徒和奴隶武装起来，拼凑了一支七十万左右人的军队，前往牧野阻挡周武王。

纣王的军队虽多，但是都没有给纣王卖命的意思，还巴不得周武王赶紧打进朝歌，灭了商朝，这样他们这些奴隶也可以解放了。所以周武王的军队一冲锋，纣王的军队就全线倒戈，彻底崩溃了。周军没费什么力气，就取得了这场战略决战的胜利。

商军大败，商纣王知道大势已去，就逃回朝歌，在鹿台自焚而死。

这就是史书上记载的商纣王的故事。比起小说戏剧来，这个故事当然没有那么多跌宕起伏的情节，不过大概的框架，与传说是基本一致的。总的来说，民间流传的暴君商纣王的形象，在史书上是能找到根据的。

二　鲜为人知的商纣王档案

史书上的商纣王事迹，我们已经介绍完了。可那毕竟是发生在3000年前的事情，很多东西都显得扑朔迷离。虽然知道商纣王故事的人很多，但是关于这个暴君的很多基本资料，很少有人知道。比如我们问：商纣王姓什么叫什么？恐怕能答得上来的人并不多。

商纣王姓商名纣？别逗了。我们知道，称呼中国古代的帝王，一般都不直接用名字，而是使用各种称号。越是到了后世，帝王的称号越多，我们熟悉的主要有谥号、庙号、年号，等等。直呼君主的姓名是要被杀头的。

商纣王这个称号，是周朝人对他的称呼。司马迁在《史记》中说，因为这位商朝末代君王十分残暴，所以天下人称他为纣。这里的“天下”，大概也就指的是周人的天下。

也有人说“纣王”是一个谥号。谥号是君王死了以后，由后世君王根据他一生的表现，所给出的一个总结性的称号。“纣”这个字，在谥法中的解释是“残义损善曰纣”。这样看来，“商纣王”是一句十足的骂人话。

商纣王是商朝的末代君主，他死之后，只能接受仇敌周人给他一个谥号。我们推测商纣王本人肯定不喜欢这个谥号，但是死人是不会抗议的。这样，“商纣王”这个明显带有人身攻击色彩的称号就流传下来了。

其实，商朝人称呼自己的君王也是有一套规矩的，那就是用“甲乙丙丁戊己庚辛壬癸”这十个天干来称呼。比如商纣王的父亲就被称为帝乙，商朝的开国君主商汤被称为天乙，等等。按照这个规矩，商朝人称呼商纣王，是要叫作帝辛的。

帝辛仍然只是一个称号，而不是名字，可是很多人把它当成了名字，比如《史记》的作者司马迁。

其实，商纣王的名字是“受”，这是从周武王讨伐他的檄文中得知的。

纣王的姓，或者说所有商朝王族的姓，是“子”，据说现在还有姓这个姓的。

不过，还要注意一点，就是我们一般不能称呼商纣王为“子受”，因为上古时期的姓和我们今天的姓不同。上古时期的姓产生于母系社会，代表的是一个母系氏族部落，所以我们看古姓一般都带“女”字边，包括“姓”这个字本身也是“女”字边。姓最早的作用在于区别不同部落，防止近亲繁殖。

到了父系社会，大的氏族部落在发展过程中逐渐分出不同的支脉。这些分出去的支脉，一般以一个男性首领为祖先，按照所居住的地区、首领担任的职务或者是某些其他因素来取一个新的族名，就是“氏”。氏成为一个父系宗族的家族标志，男子一般都称氏，只有女子才称姓。

而且要注意，姓相对而言比较固定，而氏则可以改变。比如有的家族的居住地改变了，他们的氏也跟着变了。但是无论氏怎么变，他们的姓仍然是最早的那个。

直到战国时代，姓氏之别才逐渐模糊。秦汉以后，姓氏之间的区别就几乎消失，并变得固定化，很少发生变动。我们今天的姓氏，基本上是由古代的氏演化来的，只有很少的古姓保留至今。

正因为男子称氏不称姓，所以把纣王叫作“子受”，是不对的，至少当时人不会这么称呼。一般还是用他的尊称“帝辛”，或者是恶称“纣王”。

周王族的姓“姬”也是一个古姓，带“女”字边的。严格地说，我们也不能称呼“姬昌”“姬发”，而要称“西伯昌”“文王昌”和“武王发”。本书直呼姬昌、姬发，只是因为这样的称呼已经借着各种民间传说深入人心了，我们为方便起见也就随大溜了。

那么，商纣王的籍贯在哪里呢？

这要从商朝人的祖先讲起。

传说，上古时代有一个叫简狄的女孩子，一天她出去玩，看到地上有一个鸟蛋，就捡起来吃了。

回家之后，简狄就觉得肚子里不对劲。过了没多少日子，肚子逐渐隆起，原来是怀孕了。

顶着未婚先孕的压力，简狄把孩子生了下来，取名为契（音xiè）。这个契就是商族的祖先。

这是周朝以后的人对商族起源的一个传说，不过商族人自己的说法，没这么多花样。他们只是简单地说："天命玄鸟，降而生商。"玄鸟就是黑色的鸟，可能是燕子，可能是乌鸦。

商族人的祖先当然不可能是从鸟蛋里孵出来的，但是从这些关于鸟的传说来看，商族的起源和鸟有关，应该是一个以鸟为图腾的氏族部落。

哪些氏族部落以鸟为图腾呢？根据考古发掘和文献记载来看，古时居住在东部地区，也就是黄河中下游和淮河中下游的部落，大多数以鸟为图腾。这些部落，古时统称东夷。

商族就是东夷诸部落的一支，起源于今山东或河北东部。

明白了这一点，对于我们理解商朝的一些风俗以及这个朝代因何灭亡，都是很有帮助的。

这样，我们就把商纣王的个人档案理清楚了：

姓：子

名：受

称号：帝辛

绰号：纣王

籍贯：东夷

职业：国王

主要成就：建造各种亭台楼阁、宫殿花园，发明炮烙等刑具，杀人无数

死因：自焚

三　商纣王的“罪证”

从周武王伐商发布的几份檄文，以及伐商成功后报告祖先的祷文来看，商纣王的罪状主要有这些：

1. 好喝酒；

2. 好女色；

3. 残害百姓；

4. 不认真祭祀上帝、祖先；

5. 包庇犯罪逃亡的囚犯；

6. 兴建过多的娱乐设施；

7. 残害贤人，比如比干、微子启等；

8. 任用奸佞小人，比如费仲、蜚廉、恶来等。

这些罪状都有具体的表现形式，比如说到酗酒，就有酒池肉林的传说。说到好女色，就举出一个苏妲己，等等。

现在，就让我们来抽丝剥茧，看看这些对于商纣王的指控，都有哪些是真、哪些是假。

酗酒这一条应该是真的，但是这不应该只被看作纣王一个人的缺点。从史书的记载以及商代考古发掘的成果来看，商朝人很喜欢喝酒，贵族尤其嗜酒。而且酒这个东西，在上古时代是带有很多特殊意义的。不仅君王和贵族要喝酒，就是祭祀天神、祖先，也都需要用到酒。

在河南安阳发掘出的商代宫殿和王陵遗址中，各种酒器占了出土文物中相当大的比重。而从甲骨文的卜辞来看，在商代，饮酒是一种时尚，也带有宗教意义。

而且，那个时代的酒和我们今天喝的酒不一样，古时的酒主要是米酒和果酒，是用水果或粮食直接发酵而成的，酒精度很低，且略带甜味。正因为度数不高，所以一次可以饮用很多。《水浒传》中的武松在景阳冈喝了十八碗酒，如果史上确实有这个故事，那么武松喝的就是这种米酒。我们现在喝的白酒是蒸馏出来的，所以酒精度比较高，白酒的蒸馏技术是在宋朝以后才出现的。

商纣王应该和其他的商王一样喜欢喝酒，或许醉倒的次数更多一些。但是我们也知道，很多时候喝醉了酒也不一定就是坏事，虽然“酩酊大醉”不是什么好词，但是“一醉方休”至少还是个中性词。喝酒，也经常是上下级之间交流感情、增进理解的一种方式。至于商纣王对酒的喜好是否真到了“酒池肉林”这个程度，我们就无法考证了。顺便说一句，其实周朝人同样喜欢喝酒，而且还把喝酒当成了一个重要的礼节。

好色这一条也应该是真的，不过又有几个君王不好色呢？史书上只给纣王记载了一个苏妲己，但是与其同时的周文王，据说有嫔妃 22 人，也不知道这老爷子身体能不能顶得住。可是周文王没有受到好色的谴责，反而还被当成圣人，商纣王在天有灵，当然不服气。

在重男轻女的古代，“听信妇人之言”是很丢人的事，这在今天看来，当然是很迂腐的观点。具体到商朝，可能那个时候妇女的地位比后世还要高一些。似乎商族人不太介意让妇女担任一些重要职务。安阳商代王陵遗址中，就发现了一个古代女英雄的坟墓，这个女英雄就是商王武丁的妻子妇好。

按照甲骨文的记载，妇好曾经多次率领军队，攻伐周边那些不服从商朝的小国和小部落，战功显赫。其中规模最大的一次，妇好居然指挥了一支13000人的部队。妇好现在被当成中国历史上第一位女性军事将领，而被很多历史爱好者熟知。

从甲骨文的记载来看，恐怕商代能够带兵打仗的女性，还不止妇好一人，妇好只是其中较为突出的一个而已。

这样看来，在商代，妇女参与政治生活，并不是多么奇怪的事。武丁可是商代非常有作为的一个君主，他的时代号称“武丁中兴”。这样一个君主总不可能是沉湎于酒色的暴君吧？

所以，虽然周人说商纣王听信妇人之言，但是恐怕这并不是什么大的罪过。

商朝是一个奴隶制的王朝，奴隶主贵族对待奴隶，历来都是残忍而狠毒的。安阳商代王陵遗址中，到处都能看见装满奴隶尸骨的殉葬坑。从甲骨文的记载来看，商朝贵族根本不把奴隶的生命当回事，遇到好事坏事需要祈祷的时候，都会杀奴隶作为祭品。这是非常野蛮的习俗。

作为商代的一个统治者，商纣王当然不会对奴隶们有什么特殊照顾，所以书中记载的那些商纣王的残暴之举，应该说是不奇怪的。为了镇压奴隶，设置诸如炮烙这样的刑罚，也是统治者的正常逻辑。这是整个商代奴隶主阶层都可能会做的事，而不大可能只有商纣王会这样做。

而且，残忍地对待奴隶，似乎不仅是商人的专利。商朝周边的那些部落小国（包括周族），对待奴隶也不会十分仁慈。在这样残酷的统治下，奴隶们出现逃亡的情况，也是很常见的。按照一般的规则，在互相之间形成友好盟约的情况下，别的部族的奴隶逃到了你的部族，你得把这个奴隶抓起来送回去。可是商纣王大概破坏了这样的规则，把逃亡过来的奴隶收归自己名下了。这就引起了周边国家的愤怒。

所以，商纣王“残害百姓”和“包庇罪犯”这两条罪过，大概也就是来源于此。当然，商纣王为了个人的享乐兴建了很多娱乐设施，这也许是实情，因为很多君主都有这样的倾向，即使是一些盛世明君，也不能免俗。至于是否由此导致民众的赋税加重，这恐怕还需要对商代的财政体制进行更深入的研究之后，才能下结论。

商族人很迷信（应该说那个时代的人基本上都很迷信），所以不敬鬼神、不祭祀祖先是非常大的罪过，这也成了周武王声讨商纣王的一个依据。不过，商纣王既然说：“我生不有命在天乎”，恐怕他还不至于就真的敢怠慢祭祀，至少他对“天”，还是有所畏惧的。

商纣王的罪名，还有残害贤良和任用奸佞这两条。纣王残害的贤良，主要有他叔父比干、同族长辈箕子以及哥哥微子启。而任用的所谓“奸佞”，则是费仲、蜚廉、恶来等人。

被称为“贤人”的，都是纣王的同姓亲族，而被称为奸佞的，则是一些外姓人。这至少说明一点，就是商纣王不太信任自己的亲戚，而想依靠外人来管理国家。看来，商纣王的为政理念，伤害的是一个集团的利益，那就是商王的同姓贵族集团。而被任用的那些外姓人，则可以说是商朝的新兴利益集团。

其实，商纣王信任的这些所谓“奸佞”，也都是有来历的。费仲的详细情况史书中没有记载，蜚廉和恶来却是于史有载。史载蜚廉是恶来的父亲，他们这个家族的起源传说也和鸟有关，和商族一样，以鸟为图腾，所以很可能这两个人也是来自于东夷诸部落，和商族不是远亲，就是近邻。

商纣王不想靠亲戚治国，而想任用一些外姓人，这在我们今天看来，恐怕不仅算不上什么罪过，反而是值得提倡的进步举措。然而时代不同，人们的思维方式也不同。商纣王的做法无疑伤害了很多宗室贵族的心，使他们对这个统治者失去了信任。

掌管祭祀的官员，地位很高，按照一般的规矩，应该也是由王族担任。商纣王不信任亲戚却信任外人，恐怕也因此得罪了商朝的祭司集团。主管祭祀的人对商纣王不满，所以才会传出纣王不敬鬼神这样的罪名。

以上我们逐条分析对商纣王的各项指控，不是为了给这位千古暴君翻案，而只是想说明，有些史书上的记载，是需要细细揣摩才能体会出其背后的含义的。商纣王作为一个亡国之君，他的做法肯定是有问题的。但是由胜利者周人所宣称的那些罪恶，是否就属于商纣王，或者那些到底算不算罪恶，还需要我们认真地思考。

四　商朝灭亡的另类解读

其实对于商纣王这样的暴君，流传的各种说法是否可靠，自古就有学者不断质疑。到了近代，这种质疑就更多了。毛泽东就认为，商纣王不仅不是暴君，反而是一个十分有作为的君主。他出兵攻打东夷，把当时中原的先进文化带到了边远地区。商纣王之所以失败，是国内出现了大批反对势力，就是以箕子、微子启为首的旧派贵族。他们里通外国，勾结周人颠覆了商纣王的政权。

毛泽东自小就有反传统的倾向，对于史书上的记载，也往往做一些比较另类的解读。他对商纣王的看法，可能只是因时因地有感而发，不一定有什么史料依据。但是能在史书的只言片语中发现商朝内部不同利益集团之间的矛盾斗争，这种思路还是值得我们借鉴的。

很多历史学家也认为周以后的人对纣王的各种指责以及谩骂都不太靠谱。而且这些谩骂，随着时间的积累，还越来越多，花样翻新，大有让纣王把黑锅背到底的趋势。

从对商纣王“残害忠良、宠信奸佞”的指控中，我们可以看到商朝内部王公贵族和新兴势力之间的矛盾。王公贵族们依赖的是多年以来形成的盘根错节的关系网，以及对很多职位权力的把持，比如祭祀权。新兴势力则直接依靠商纣王的王权，是商纣王用来和王族亲贵们进行斗争的主要力量。

统治集团的矛盾，是商王朝灭亡的重要原因。箕子和微子启等人，在商朝灭亡之后，也确实得到了周人的优待。有人据此认为箕子和微子启等人背叛了商朝，是所谓的“商奸”。这种看法有失偏颇，我们没有什么证据表明箕子等人在暗中帮助了周人。不过他们至少代表了商王族中反对纣王的一部分力量。

《史记》上说，帝乙传位少子纣王，而不是传位长子微子启，是因为微子启的母亲地位比较低。但是也有一些说法认为，正因为帝乙立纣王为继承人，所以纣王的母亲才能当上王后。甚至还有人考证出微子启和纣王的母亲其实是同一个人，帝乙能够选中纣王，主要还是因为纣王天资聪颖、力大无穷，是一个文武双全的合适的帝王人选。

倘若这样的说法属实，那么很难想象微子启会对失去王位继承人这个事甘之如饴。而且，商代的王位继承，向来没有特别固定的规矩，一般是兄终弟及和父死子继相结合。也就是说，每一位商王的兄弟以及所有儿子，都有继承王位的权利。

商朝的历史上确实出现过兄弟几个轮流当王，最后一个再把王位传给儿子的事情。正是因为没有固定的规矩，所以商代的王位世系就显得比较混乱。

到了商代后期，似乎父死子继已经成为一种趋势，兄终弟及的情况出现得越来越少。出现得少，并不意味着消失。恐怕很多商朝王族，还做着当国王的美梦。

帝乙直接把王位传给纣王，帝乙的兄弟箕子、比干等人，因此与王位绝缘。作为王室的长者，他们也许并不会对此有多大怨恨，但是纣王肯定也不会信任他们。至于微子启，本来就和纣王同样具有王位继承权，这样的矛盾，恐怕不是那么容易解决的。说微子启和周人串通，证据不足，但是以他为核心形成了一个纣王的反对派，这应该是可以推测出来的。

商朝灭亡的另一个重要原因，就是对外征伐过于频繁。

那个时代，一个国家强盛的标志，无外乎得到众多部落小国服从，以及统治者内部的关系处理得比较好。

历代有作为的商王，都有对外战争的丰功伟绩。可是到了商纣王的父亲帝乙在位时，已经有很多小国不再服从商朝了。商纣王为了扭转这种局面，就频繁地对外用兵，希望能恢复商朝的全盛时代。

从各种史料之中，我们能够发现，商纣王的对外征伐似乎取得了很不错的成果。商朝的统治区域扩大了，抓回的俘虏都转化为奴隶，为商纣王服务。中原的文化也传播到本来是蛮荒之地的东南地区，促进了那里文化的进步。

但是，商纣王四面出击，分散了商朝的军事力量，导致内部空虚。而在战利品分配上，又没能照顾王族们的利益，这就加剧了内部矛盾。

周族本是商朝西部的一个落后部族，论实力是比不了商朝的。周人自己对于强大的商朝也非常畏惧，他们称商朝是“大邑商”，而称自己是“小邦周”。虽说周文王的时代已经做到了“三分天下有其二”，但是那最多只是团结了一大批同样对商朝不满的小国或小部落，大家一起结成反商同盟，但是那些小国并不一定完全听从周人的命令。

周武王第一次伐商，到了孟津，却没有继续向商朝进攻。虽然表面上周武王以天命来解释，但实际上还是没有对商朝作战必胜的信心。

后来，商纣王派蜚廉率军进攻东夷。东夷是商朝的起家之地，但是自从商朝在中原建立统治之后，对东夷的控制就减弱了。从甲骨文的记载来看，商朝中后期的几代君主，都在不停地向东夷用兵，这就造成了西部周族的趁势崛起。

商纣王的大军远征东夷未归，商朝的内部矛盾又进一步爆发，纣王杀比干，囚禁箕子，赶走微子启。商朝负责祭祀的贵族带着祭祀用的礼器逃到了周。周武王因此判断，商朝内部空虚，商纣王的主要支持者们也都在外面作战，此时是最好的出兵时机。于是周武王第二次出兵伐商，集合了很多对商朝不满的部落方国，组成了一支强大的联军。

商军主力在外征战，商纣王无奈之下，只好武装起奴隶战俘来抵抗。其结果当然是一败涂地，商纣王也因此丢了性命。

商朝灭亡之后，作为胜利者的周武王并没有感到多么开心。他对自己的胜利非常不自信，战战兢兢，总是害怕胜利的果实会得而复失。这样灭商之后没过几年，周武王就病死了。可见，作为周族的领袖，周武王也深知自己的胜利有着极大的侥幸成分。

再看商朝灭亡之后商朝遗族的生活状态：以微子启和箕子等人为首的一批贵族，向周人投降，并得到了周朝的册封。微子启被封在宋国，箕子则到朝鲜半岛建立了国家。

而被商纣王信任的那些外姓人，则至死都不和周人合作。恶来死于周军之手，蜚廉也在随后的周军东征时被杀死。反对纣王和忠于纣王的势力，其表现可谓天差地别。

商纣王之所以留下千载骂名，就在于他是亡国之君。其实亡国之君并不一定都是昏君、暴君。明朝末代皇帝崇祯，就是一个勤于政事、有志中兴的君主，但最后还是没能挽救明朝于危亡之中。再看看汉朝末代君主汉献帝、清朝最后一任皇帝溥仪，我们难道能把朝代灭亡的责任都推到他们身上吗？

一个朝代的衰亡，是很多复杂因素相互作用的结果，亡国之君未必有多昏庸，但是大势所趋，即使身为帝王，以他们的时代局限性而言，也没有办法挽救危亡。

说到历史发展的大势，还有一点值得我们注意，这也是被很多史学前辈们关注过的现象：

商朝的图腾是鸟，同时鸟也是古代东夷众多部族的图腾。作为图腾的鸟，不一定是现实中的鸟类，却是现实中鸟类形象的延伸。这种鸟图腾，也就是神鸟凤凰的最早起源。

凤也是中华民族的标志性图腾，但不是第一标志，我们的第一标志当然是龙。

关于龙这个形象的来源，各种稀奇古怪的说法很多。大体上，说龙的形象来源于蛇、蜥蜴等爬行类，是可能性比较大的。在上古时代，西方的部族主要以蛇为图腾，这些部族中就包括姬姓、姜姓等西方部族。

史书上记载，中华民族的始祖黄帝“以姬水成”，炎帝“以姜水成”，这两个部族都以龙为图腾，居住在西方。而与他们同时代的蚩尤，就是东方部落的代表。

到了尧舜的时代，古书上都称道这个时代实行“禅让”，天子之位不是世袭，而是选举有能力的人来担任。但是，由谁来继位，这是很有讲究的。

尧仍是西方部族的代表，以龙为图腾。而舜，则有足够的证据表明他是东夷部落的代表。尧、舜之间的禅让，其实是东西方部族集团之间的一次权力转移。

后来舜把帝位传给禹，禹又是西方部族集团的代表。当然，这个时候的东方和西方，范围也是有限的。黄河中游就算是西方了，黄河下游和长江下游就是东方。

有学者认为，我们中华民族亦称“华夏”，而华夏这个词，指的就是东西方两大部族集团的联合。东方的东夷部落就被称为

“华”，以凤鸟为图腾；西方的部落就被称为“夏”，以龙蛇为图腾。这两大部族集团联合之后，天子之位是双方轮流坐的，尧舜禹的禅让，就是这一规矩的产物。

可是到了禹这个时候，情况发生了变化。本来按照规矩，禹的继承人应该来自于东夷。禹先是立皋陶为继承人，皋陶据说出生于今山东曲阜。皋陶在禹之前就去世了，于是禹就推举同样来自东方的伯益为继承人。

可是禹在位时就开始培养自己的儿子启。后来禹去世了，启继承了天子之位，把伯益晾到一边去了。

这一下，东方的部族集团不干了，他们以有扈氏为首，起来反对启。可是时代变了，经过禹的多年经营，西方部族集团的实力已经明显强于东方。启打败了有扈氏的反叛，确立了自己的统治，建立了夏朝。从此，中国进入朝代更替的“家天下”局面。

后来夏朝衰落，东方的商族趁机崛起，取代了夏朝，这是权力又回归到东夷部族集团的标志。

风水轮流转，到了商朝衰落的时候，来自西边的周族又取代了它。可见，即使更替的形式发生了变化，但是东西方华夏两族轮流执政的局面，依然延续着。以这个趋势来看，商朝的统治被周朝终结，也是一种历史的必然。

那么周朝最后又是被谁取代呢？我们前面说过，商纣王的亲信蜚廉、恶来，也是东夷出身。恶来的子孙，后来跑到了西边，建立起了一个不起眼的边陲小国。这个小国在春秋时期得到一定的发展，而战国时期则逐渐强大，并最终灭六国，取代了周朝。这个小国，就是秦。

秦虽地处西方，但是来源于东夷。最后由秦来取代周，这可以看作夷夏交替趋势的又一次发作。不过从秦以后，古老的夷夏之别已经消失，这个趋势就不再显现了。

可见，商朝的灭亡，既是商朝自身逐渐衰落的必然结果，也是历史发展大趋势使然。史书上对于商纣王的各种指责，虽然未必没有依据，但是把商朝灭亡的原因全都归结于商纣王身上，则是商纣王的仇敌周朝人长期进行妖魔化宣传的结果。

寒食节的传说成就了介子推

公元前636年，在外漂泊19年的晋公子重耳终于回国登位，成为春秋五霸之一的晋文公。那些跟随晋文公到处流浪的忠臣们，也得到了晋文公的封赏，再也不用忍饥挨饿了。然而，在这欢快的气氛之下，出现了一个不和谐的音符：当年在流浪中护驾有功的介子推，没有得到晋文公的封赏。也不知道是晋文公忘记了介子推的功劳，还是有人暗中作梗。

介子推呢，倒也不在意。他觉得自己为晋文公做的那些事情都是应该的，实在不值得因此得到封赏。眼看晋文公即位之后，朝中人才济济，介子推觉得自己的任务已经完成，没什么遗憾的了，就带着老母亲一起归隐，在一个叫作绵山的地方隐居。

后来，有人知道这件事，给介子推鸣不平，向晋文公进言："当初跟您一起流亡的介子推，那可是大大的忠臣，您怎么能不封赏他呢？"

晋文公这才恍然大悟，原来自己冷落了功臣。于是晋文公就派出使者，请介子推出山，担任大官，共享荣华富贵。

可是介子推早已看透世事，只想在山林中归老终生，就拒绝了晋文公的邀请。晋文公认为，自己有功不赏，会让天下人说三道四，就强令介子推出山。可是介子推铁了心不想当官，晋文公就下令火烧绵山，想以此逼介子推出来。

谁想介子推意志十分坚定，说不出来就不出来。他紧紧抱住一棵大树，就这样被活活烧死了。

介子推已死，晋文公也后悔自己的烧山决定太过急躁。他觉得是自己逼死了介子推，所以十分伤心。为了表示对介子推的怀念，晋文公找到了介子推死前抱着的那棵树，把那棵树做成一双木屐，穿在脚上。一看到这双木屐，晋文公就会想起介子推，然后悲痛地呼唤："足下。"

此后，"足下"一词就成为平辈间的敬称。

晋文公还规定，在介子推被烧死这一天，谁都不能生火做饭，而只能吃冷食，以纪念介子推。后来，这个习俗就发展成了寒食节。寒食节的时间历代皆有变化，现在我们一般把清明节前的一两天当作寒食节。

就这样，介子推的故事，就和寒食节这个民俗节日一起，流传于后世，成为一个不朽的传说。

一　介子推的故事

介子推是春秋时期的名人，要讲他的故事，还要从晋国的内乱说起。公元前656年，晋国的国君晋献公，听信小老婆骊姬的谗言，杀了太子申生，把骊姬的儿子立为继承人。骊姬为了斩草除根，还说服晋献公，派人去杀晋献公的另外两个儿子重耳和夷吾。

重耳和夷吾听到消息后，都逃亡到了国外。因为重耳素有贤名，所以晋国很多名士，都选择跟随重耳出逃，这些人当中，就有介子推。

后来，晋献公死了，晋国的大臣们不服骊姬，就杀了骊姬和她的儿子，想迎接重耳回国继位。可是重耳觉得国内正在混乱之中，不想蹚这个浑水，就没有答应。晋国的大臣们只好迎立了夷吾，是为晋惠公。

晋惠公即位之后，马上就派人去追杀重耳，以消除自己君位的隐患。重耳没有办法，只好带着随从们一起去列国流浪。

因为情况紧急，所以重耳一行人走得很是匆忙，也没带足盘缠干粮。大伙跑出去没多久，就都喝了西北风。

到了卫国地盘上，重耳实在饿得走不动路了。随行的人也都饿得头晕眼花，没有了力气。有人提议挖野菜煮来吃，怎么也好过干等着饿死。于是大家就到处挖野菜。

那个时候人口没有现在这么密集，野草野菜什么的也很多，很容易就能挖到不少。可是挖好的野菜煮熟了，重耳吃不下去。这也难怪，身为一个大国的公子，重耳平时锦衣玉食惯了，野菜那么难吃，他哪里吃得下去！

重耳勉强吃了几口野菜，才发现一直跟着自己的介子推不见了。向大家询问，也没有人知道，大伙只好猜测介子推是饿得掉队了。

过了一会儿，介子推一瘸一拐地跟上来了。重耳一看，介子推的腿上绑着绷带，血还在一点一点地向下滴，就问："你这是怎么了？"

介子推答道："刚才路遇荆棘，扎伤了腿，所以没有跟上大家。

主公您还没有吃东西吧？快点，把这肉汤喝了吧。”

重耳一听，眼睛一亮，你居然有肉汤？只见介子推拿过一个小竹筒，打开，一股肉香扑鼻而来。重耳顾不上许多，一把抓过来，连喝了几口，顿时觉得心里舒坦多了。

其他的随从们也都每人喝了几口，顿时恢复了体力。等大家都喘过这口气了，才想起了一个关键性问题：这肉汤是哪来的？

重耳问介子推，介子推支支吾吾，答不上来。随行有心细的，看到介子推腿上的伤，就猜了个八九不离十。在大家的盘问之下，介子推终于说了实话：肉汤其实是用他自己腿上的肉为原料煮出来的。

此言一出，重耳等人都十分感动。重耳当即发誓，只要能回国当了国君，一定要重赏介子推。这就是介子推“割股啖君”的故事，“股”就是大腿，“啖”是吃的意思，在这里解释为“给某人吃”。

过了几年，流浪多年的重耳得到秦国的援助，终于回到晋国当了国君，是为晋文公。晋文公封赏随行的功臣时，介子推却趁机隐居了，没有得到封赏。而晋文公，似乎也忘记了当年介子推割股啖君的大恩，没有想到介子推。

后来有人替介子推鸣不平，晋文公这才派人强请介子推出山，于是就上演了我们前面提到的放火烧山的故事。“足下”这个称呼，以及寒食节这个传统节日，也就因此流传下来了。

这样看来，寒食节这个传统节日，是因为介子推才流传下来的，是介子推成就了寒食节。可是事实果真如此吗？

二　离奇故事的奇怪之处

说起来，我们中华民族的史学文化真是发达，很多稀奇古怪的传说都能以历史的面貌出现，而且越是久远的时代，传说和历史就越分不清楚。区分传说和历史，有时需要很大的学问，有的时候，却不用那么费事。如果某一件事情太过于不合常理，那么我们当然可以说它只是传说，不是历史。比如黄帝、炎帝这些人物，在《史记》等史书中都有记载，我们可以说他们是真实的历史人物。但是史书上说这些上古帝王都活了好几百岁，这就太不合常理，所以我们也只能说这样的记载就是传说了。当然，传说的背后也许隐藏着一些需要深入挖掘的历史细节，不过无论如何，一个人是不可能活到好几百岁的。

另外，有些集团或个人，为了某种目的，也会编写一些故事，这些故事虽然也可以当史料来看，但是很难说它是客观真实的。比如那本被很多人视为道德教科书的《二十四孝》，其中很多故事一看就不合常理，像"卧冰求鲤"这样的故事，显然缺乏真实性，我们也只能关注一下这类故事背后的精神意义罢了，真要把这个当成真事儿，甚至还要去模仿，那就要闹笑话了。

介子推的故事，就存在着这样的不合理因素。

我们先说说正史中的介子推。介子推的名字，在《左传》《史记》等史书中都有记载，可见史上确有其人。可是无论是哪本正史，对于介子推的事迹介绍得都很少，且不说没有什么"割股啖君"的故事，就是关于介子推的德行，也所述寥寥，没有什么出彩的地方。

其实，跟随晋文公重耳一起流亡的名士有很多，比如狐偃、狐毛、赵衰、魏犨、颠颉，等等。这些人或者谋略出众，或者孔武有力，无论在重耳流浪之时还是在回国之后，都给重耳出谋划策，为重耳最终成为诸侯霸主起到了重要作用。也就是说，这些跟随重耳流亡的人，都有过出众的表现，无愧于“名士”的称号，可是唯有介子推，我们实在找不出他为重耳出过哪些主意、解决过哪些问题。他唯一的事迹，似乎就只有那个“割股啖君”。

那么，“割股啖君”这个故事到底是不是真的呢?

从常理角度来推断，当时重耳一行人穷困潦倒，只能靠吃野菜度日。在这种局面下，介子推从大腿上割下一块肉以后，还能够跟着重耳一起继续流浪，连休养一下都不需要，如果这是真的，那么介子推的体质真非常人可比。

那个时代医术不发达，很多人因为一点小伤，往往就不治身亡了。而介子推留下这么大的伤口，却能活下来，实属奇迹。我们也知道，重耳这一行人当时一点吃的东西都没有，所以也不大可能有止血疗伤的药，所以介子推恐怕也得不到任何医治。再加上受了这么重的伤，除了野菜，却没有别的东西可吃，我们真不知道介子推是怎么把伤养好的。

而且，就算介子推命大，没有因此而感染破伤风，而是顽强地活了下来，可是腿上那么大一块伤，想正常走路显然是不可能了。当然，重耳的随从中也许有人可以帮助介子推，比如背着他走。可是大伙都吃不上饭，谁也没有那个多余的体力。如果说介子推的割肉举动最终却增加了整个重耳团队的负担，那就是得不偿失，帮了倒忙。

可见，如果我们从成本收益的分析来看，介子推割肉这个事，投入的成本是够大的，换来的收益却只是让晋文公（或许也包括那些随从）吃上一顿饱饭，这投入产出比是太低了。毕竟只是管了一顿饭，以后再饿了怎么办，难道再割一次肉？这样的做法，治标不治本，而且还使重耳的团队凭空多了许多负担（为了带上介子推这个重伤号，重耳团队肯定要付出不少代价），不像是智者的举动。笔者认为，无论是在哪个时代，只要是正常的人，就都有基本的利害分析和判断能力。如果明知这样做是极其得不偿失的事情却还要去做，我们也只能表示怀疑了。

再者说，中国的古人向来讲究"身体发肤，受之父母"。古人觉得自己的身体是很宝贵的，平时连头发都舍不得剃，自己身上的肉说割就割了？要知道，在春秋时代，还没有后世那么严重的忠君思想，大臣杀国君的事情比比皆是，那个时代的人更多强调君臣之间的契约关系。更何况当时的重耳还没有当上国君，只不过是个落魄公子，与介子推之间，最多也只能够算是主仆关系。在当时社会思潮下，介子推居然能做出那种连后世讲愚忠的大臣们都做不出的事情，这就是我们说它不合常理的地方。

其实，早已有古人觉得介子推"割肉啖君"这个故事太不合常理，比如明末清初的学者李渔就认为，"割股啖君"这类非常之举，本是儿女孝敬至亲，而且是在万般无奈之下才会有的举动。而主仆之间虽然关系密切，毕竟比不上血脉相连的亲人。介子推的所作所为，确实不合常理。和介子推差不多同时代，还有一个人叫易牙，是"春秋五霸"第一人齐桓公的宠臣。易牙善于烹调，为了讨好齐桓公，竟然把自己的儿子烹了献给齐桓公，由此得到齐桓公的赞赏。可是齐桓公所依赖的重臣管仲从中看出了问题，他告诉齐桓公，一个人的至亲不外乎子女，连子女都不爱的人，又怎么可能指望他爱国君您呢？而且这个易牙居然狠心到杀了自己的儿子，那么他所蕴含的野心，也一定大得没边。齐桓公没有听管仲的话，后来易牙果然趁齐桓公病重时作乱，把齐国祸害得够呛。介子推的所作所为与易牙确有相似之处。因此，李渔的结论是，大凡做出的事情超越常情常理，必定不是真心如此，而是希望通过所谓的“奇能异行”来获得日后的“非常之报”。

李渔的看法，又未免把介子推的人品看得太低了。归根结底，李渔还是认为“割股啖君”这个故事本身是真实的，那么问题肯定出在介子推身上。可是我们综合考察各种史料，可以得出结论：“割股啖君”这个故事本身就是虚构的，所以李渔指出的这个故事的不合常理之处，是很有见解的；但他对介子推的指责，是不可取的。

为什么说这个故事是虚构呢？我们前面已经说了，无论是《史记》还是《左传》，或者是另一本先秦史料《国语》当中，都没有记载介子推“割股啖君”的故事。而且即使是记载先秦时期很多怪诞故事的先秦诸子寓言故事中，也找不到关于介子推割肉的记载。凡是对先秦历史有所了解的人都知道，研究春秋时期的历史，在文献史料方面，《左传》《国语》《史记》均可算作正史，除了这三个，还有先秦诸子的作品，可以作为一定的参考。而一件事，如果连先秦诸子的书中都没有记载，那么其真实性就颇可怀疑了。介子推“割肉啖君”的故事，恰恰就是这样一种情况。

最早记载这个故事的，是汉代一本叫作《韩诗外传》的书。

这本书并不能算是史书，而有点像古代搞意识形态宣传的书。其中讲了很多先秦时代的故事，真假掺杂，有许多故事都是借古人的名字演绎出来的，目的就是宣传专制时代的礼教和价值观。这和后世的《二十四孝》是同一个性质，当不得真的。

不合常理又正史无载，仅仅是记录在汉代一本搞意识形态宣传教育的书中，这样的一个故事，到底真实性如何，想必大家也都心里有数了。

其实，一些有见识的古人早已指出这个故事的不实之处，比如清初大学者顾炎武就认为，介子推割肉和被烧死的故事，都是不可信的。

三　介子推的真正死因

既然介子推“割股啖君”的故事不可信，那么晋文公放火烧山，烧死介子推的故事，又有多少可信度呢？

我们还是从史料入手，看看这个故事的最原始版本是什么样的。我们前面说了，春秋时期的可信史料，首推《左传》《国语》《史记》。按照《左传》《史记》等史书的记载，介子推跟着重耳一起流浪多年，后来重耳得到了秦国的援助，终于能够回国掌权了。秦国的国君秦穆公，把自己的女儿嫁给了重耳，还出兵护送重耳回国。由于秦国在现在的陕西省，而晋国在现在的山西省，两者之间隔着一条黄河，所以秦国就安排船只，载着重耳渡过黄河。

重耳非常高兴，多年的艰苦流浪生涯就要结束了。在准备渡河之前，常年跟随重耳、掌管后勤的一个小官，就把重耳逃难多年积攒下来的物件，破鞋旧袜子什么的，一件一件往船上搬，装了整整一船。

重耳看见了，觉得很丢面子，就对小官说：“马上咱们就要回国为君了，以后吃的穿的到用的，哪样不是极品？你还留着这些破烂杂物有什么用？还不把它们都扔了。”

重耳刚说完这话，就被身边的狐偃听到了。狐偃也是跟随重耳流浪多年的，是重耳团队中举足轻重的人物，论辈分，还是重耳的舅舅。狐偃看到重耳嫌弃这些旧东西了，心里就琢磨：主公这还没有回国呢，就嫌弃旧东西了，那以后会不会也嫌弃我们这些旧臣呢？到那个时候君臣翻脸，反而不美，不如现在就请辞吧。

于是狐偃拿着秦穆公赠送的玉璧，向重耳行礼说：“在下跟随公子这么多年，自知犯了不少错误，也得罪过您。这些事，我自己都能记着，何况是您呢？现在您马上就要回国为君，以后自有贤人辅佐，您也用不着我们这些老人了。我就在这里向您请辞吧。”

重耳大吃一惊：“您怎么说这种话？我正打算和诸位共享荣华富贵呢，哪能让你们走呢？我在此向河神发誓，如果不能与诸位大夫同心，让我不得好死。”说着话，把玉璧接过来，扔进了河里。

重耳和狐偃的这番对话，让坐在旁边的船舱里的介子推听得真真切切，介子推笑道：“狐偃这是在向主公表功呢，他也不想想，主公能够回国，自有老天的保佑，哪有他什么功劳？这样的人，我是羞于和他同朝共列的。”介子推由此就有了退隐之心。

等重耳即位，成为晋文公之后，就是要赏赐那些跟随晋文公流浪的大夫们了。晋文公给这些人定了爵位，增加了封地，皆大欢喜。

在赏了很多人之后，一直跟着晋文公的介子推却没有得到奖金，介子推也不去要，而是带着自己的老母亲隐居山林了。

后来有人提醒晋文公，介子推劳苦功高，怎么能不加赏赐呢？晋文公这才想起，就派人去找介子推。介子推听说国君找他，也不想出山，怕人家说自己沽名钓誉。就这样，介子推和老母亲最后就终了山中，终身不仕。晋文公为了提醒自己不忘功臣，就把介子推隐居地方的一块土地封作介子推的田地。

这就是史书中记载的介子推的后半生。我们可以看到，这里没有什么放火烧山的故事，介子推自然也不是被烧死的，而是最后终老于山中。

当然，关于介子推不愿出仕的记载，确实是于史有据的。

其实，介子推被烧死这个事，也是最早见于《韩诗外传》的记载，可信度是很低的。我们前面也说过，跟随晋文公一起流亡的那些人，都不是吃干饭的，都有一技之长。而且从史书记载来看，他们或多或少，也都给晋文公立过功劳。可是在这些人当中，我们找不到介子推都为晋文公做过哪些实质性的贡献。既没有看到他给晋文公出谋划策，也没有看到他为晋文公执戈护卫。可以说，除了“割股啖君”这个事，我们找不到介子推的其他事迹。而偏偏这件事的真实性又大有问题。这就说明，介子推论才能，恐怕不算出众，在晋文公的团队当中，也说不上有多大贡献。

这样我们就可以很好地理解介子推为什么没有得到晋文公的封赏了。晋文公在当上国君之后，赏赐随从流亡的臣下，分为几个档次。晋文公自己说：“对于那些能时刻教导我，帮我树立正确价值观的人，我会首先赏赐他们；那些给我出谋划策，让我在诸侯之间能不失礼数的，我第二次就会赏赐他们；而一直鞍前马后地跟随我、保护我的人，我第三次再给他们奖赏。而那些照顾我饮食起居的，就只能等三次赏赐之后，再来领赏了。”看来晋文公自己心里是有一本账的，虽然这些人都跟着我流浪过，但是发挥的作用不同，赏赐也不能一样。如果胡乱推行平均主义，就无法调动大伙的积极性了，而且对于那些能干的人也是一种不公平。

比照这个赏赐标准，介子推好像和前三条一条也挨不上，至少史书没有记载他这方面的事迹。所以估计他的功劳也就是照顾饮食起居这方面的。所以说，晋文公三次赏赐臣下，都没有赏赐介子推，恐怕是因为他只能接受三次奖赏之后的那个奖赏了。再加上介子推早已萌生退意，大概也看不上那点奖励，所以就干脆隐居起来了。

后来晋文公请介子推出山，介子推坚持不出去，这倒是也体现了中国古代知识分子们的一种追求，也就是不为功名利禄折腰，而坚持自我人格的完善。从这个意义上说，介子推成为古代文人的楷模，也在情理之中。我们对比一下后世很多屈从于权贵的马屁虫似的文人，再看介子推，自然就能体会出介子推的高尚之处。只是高尚归高尚，有德之人未必有才，而且那些传奇故事，也大多不怎么靠谱。

四　寒食节和介子推：谁成就了谁?

分析了这么多，我们现在基本可以得出结论了：介子推是跟随晋文公重耳流亡的名士，后来在晋文公执政之后隐居，没有出仕。而关于介子推的那些离奇故事，则大多是后人编造的，既正史无载，又不合常理，实在是不怎么可信。

可是问题也就来了，既然介子推“割股啖君”的事迹不可信，晋文公放火烧山的事也是子虚乌有，那么寒食节这个习俗又是怎么来的？这个传统节日总不是假的吧。还有，“足下”这个称呼又是从何而来?

寒食节确实是一个很古老的传统节日，这个节日其实要比介子推更加古老。在介子推所生活的春秋时代之前，中国人已经有寒食节的习俗了。要说起这个节日，还要向前追溯到远古的先民时代。

作为人类进入文明时代的标志之一，我们的祖先发明了钻木取火的技术，从此人类算是第一次掌握了一种自然能源。人工取火的发明，大大改善了人们的生活质量，可称得上是人类发展史上里程碑式的壮举。

不过，火虽然是好东西，但是古代的取火技术很落后。一直到中华民族进入文明时代的早期，这个技术也没有多大进步。钻木取火，说起来容易，实际上是很有技术含量的工作，不是谁都能干得了的，所以在早期的政府机构中，都设置有专门负责取火和保存火种的专业官吏。

取火和保存火种，都离不开木材。而一年四季，每一季能找到的木材都有所不同。往往在换季的时候，人们会寻找新的适合生火的木料。尤其在每年开春之时，草木开始生长，这个时候就需要寻找新的劈柴了。这个过程就叫作取新火。而在季节交替之时，往往也是旧燃料用尽、新燃料还未找到之时，这样古人就不得不暂时吃冷食了。这个习俗后来就演变成了寒食节。

另一方面，寒食节的逐渐固定化，也与宗教信仰有关。在古人看来，火虽然能给人的生活带来很多方便，但是一旦控制不好酿成火灾，也是危害巨大。正是因为火有这样强大的力量，所以在我们的先民眼中，火是很神秘的事物，其背后有神灵控制。为了表达对火神的尊敬，人们就在每年冬至之后的第105天把火熄灭，再重新点燃，举行祭祀活动，还要焚烧一些谷物作为祭品。这是寒食节能够留传下来的文化根源。

其实，古人过寒食节吃冷食，往往并不局限在一天。按照史料记载，在有些朝代，甚至冬至之后整整105天的时间里，人们都不生火，而是吃冷食。这样的习俗未免有些不通人性，所以朝廷官府也都出过各种相关规定来限制这种行为，最后就缩短为冷食一天。由此可见，寒食节的由来，和介子推确实没有什么关系。

那么，介子推又是怎么和寒食节扯上关系的呢？说起来，还是汉朝人干的“好事”。汉朝人特别喜欢搜集先秦时代的名人故事，而且往往不加甄别，真真假假地掺在一起，然后觉得这些都是真的。很多人还喜欢给前人的著作随便增添一些内容，反正那个时候也没有发明印刷术，书籍都是手抄的，所以往原著里面添水也是常有的事。这么一来二去，很多离奇故事就经汉朝人的手流传了下来。汉朝人的这个习惯，与当时的整个社会风气有关，也和汉朝统治者的文化政策有关，这个问题比较复杂，我们就不多分析了。总之，目前已知最早把介子推和寒食节联系起来的，是汉代一本叫《新论》的书。这本书也不是什么正经的史书，其内容当然不怎么可信。

汉朝上自统治者下到一般读书人，都意识到需要通过宣传一些典型事迹来树立全社会的道德观和价值观，这样才有利于社会的稳定。以这个目标为指导，再加上一些本来就有的传说故事素材，他们就加工出了很多类似这样的故事。把介子推和寒食节这本不相关的两者联系起来，也正是基于这样的原因。

看来，不是介子推成就了寒食节，反倒是寒食节成就了介子推。

介子推既然不是在绵山被烧死的，那么“足下”这个平辈人之间的敬称，还与介子推有关吗？

答案是，一点关系也没有。

我们中华民族，自古号称礼义之邦，所以各种尊称、敬称层出不穷。关于什么是礼，《礼记》中有一句话，最有概括性：“礼者，自卑而尊人。”也就是说，所谓的讲礼仪，就是要把自己的地位贬得低低的，把对方的地位凸显得高高的。这一点，在古代是深得人心的，即使是万人之上的君主，也要遵循这个规则。古代的君王自称“寡人”，这个“寡人”就是一个自谦的说法，意思是“寡德之人”，也就是说自己没有什么德行。

在称呼别人时，就要想办法提高对方的地位。“足下”这个词，就是这种思路下的产物。其实，“足下”与“陛下”“阁下”这样的称呼，其内在逻辑是一致的。古代臣子称皇帝，要称“陛下”。这个“陛”字，指的是宫殿的台阶。臣子为什么要用台阶来称呼皇帝呢？这里面暗含着这样一种思路：我身为臣子，地位低下，根本不配走到皇帝的身边来直接和皇帝说话，所以我要委托皇帝宫殿台阶下面执勤的传话官，帮着把我的话传达给皇帝。

所谓的“阁下”，是引用了古代的官制。古代一般把宰相等高官办公的地点，叫作“台”或者“阁”。用“阁下”称呼别人，就是把对方当作宰相那样尊贵，假设对方就在宰相的衙门办公，而自己只配和衙门前看门的人说话，并请他把这些话转达给对方听。这真是“自卑而尊人”到了极点啊。

用这种复杂得已经七扭八歪的思路来看“足下”这个词，我们就不难理解了。这是假设对方站在高处，而自己只配和站在对方脚下的人说话，以求能把这些话转达给对方。

这样一种思路，多少有点自虐的味道。不过这些称呼既已留传多年，大多数人恐怕也不知道其最初的含义，而只是当成一般的敬称罢了。我们中国人在这方面真是下足了功夫，似乎所有的智力都用在这些文辞游戏上了，反而没有精力去探讨研究那些真正对民族发展有重要意义的东西。从这个角度来说，我们在近代全面落后于西方工业文明，也不是没有道理的。

这个问题就不多谈了，还是拉回到介子推的故事上来。寒食节与“足下”都和介子推无关，但是这并不是说介子推就没给我们留下什么精神财富。就如前面所说，中国古代的知识分子，固然有“学而优则仕”的传统，但是另一方面，也有一大批“不为五斗米折腰”的人物，对于他们来说，名利都是浮云，追求一个独立、自由的人生状态以及完善的人格，才是他们的最终目标。介子推，就是这样一类人的代表，也是中华民族优秀传统文化中的一个方面。

总之，介子推就是一个有德行却在历史长河中一闪而过的人物，只是后人借用他的名字当材料，编出了一大堆故事。介子推没有像其他浩如烟海的历史人物那样被人遗忘，全是拜这些故事所赐。这对介子推来说，应该是一种荣幸，却给我们的历史文化造成了巨大的迷雾，形成了 2000 多年的误解。

家族丑事变身英雄故事
——赵氏孤儿的传说

2010年底，陈凯歌导演的大作《赵氏孤儿》在全国各大影院闪亮登场，并取得了不俗的票房业绩。一个凄美而悲壮的故事，借助这部电影，仿佛又把人们带入了那个2000多年前的世界，那个重义气、轻生死、快意恩仇的世界。

在电影里，赵氏家族在晋国权倾朝野，使国君晋景公也深感畏惧。奸臣屠岸贾长期被赵家排挤，便利用晋景公对赵家的戒备心理，突然发难，设计以弑君之罪，大肆屠杀赵氏族人，将赵氏的家主赵盾、继承人赵朔等全部杀害，赵家几乎因此绝根。

赵朔的妻子赵庄姬却在此时产下一子，并在晋国大夫韩厥以及医生程婴等人的帮助下，得以保住这个孩子。孩子起名为赵武，由程婴收养。程婴为保住这个婴儿，就与好友公孙杵臼共谋，以自己的孩子假冒赵武献给屠岸贾，从而使得真正的赵氏孤儿活了下去。

后来，程婴抚养赵武长大成人，并最终找机会向赵武说明了他的身世。赵武杀了屠岸贾为全家人报了仇。

电影《赵氏孤儿》依据元代杂剧进行了改编，把这个故事演绎得有声有色。但是，电影毕竟是艺术的再创作，所以很多情节都与元代杂剧不同。元代杂剧当然也是一种艺术创作，它依据的是一个原始的历史文献版本，而这个原始文献版本，就来源于被称为“史家之绝唱，无韵之《离骚》”的《史记》当中。

那么，《史记》中的“原版”赵氏孤儿故事，又是什么样的呢？

一　故事的前奏：赵盾弑君事件

电影《赵氏孤儿》中，有很多情节与《史记》的记载并不相符，但是对于赵家灭族的导火索，和《史记》中的说法相同，那就是赵盾弑君事件。

“弑”这个字，是杀人的意思，在古时主要用于地位低的人犯上杀害地位高的人，比如臣子杀死君主、儿子杀死父亲、学生杀死老师，一般都用这个字。赵盾为什么会杀害自己的君主呢？被赵盾杀害的晋国君主，又是谁呢？

赵盾的父亲赵衰，是跟随晋文公重耳一起流亡列国的功臣。在重耳即位之后，赵衰又为晋文公称霸诸侯立下了大功。这样，赵衰就被晋文公封为卿士，成为晋国诸卿之一。

在西周、春秋时期，卿是地位仅次于诸侯的高级官员，比大夫还要高一等。晋国在晋文公时代，军事力量是三个军（这里的军是古代的军队编制单位，一个军有一万多士兵），三个军的主将和佐将都被封为卿士，这就是晋国六卿的由来。

那个时代，文武官职还没有完全分开，卿士们既统率军队，又负责管理内政。卿士中地位最高的，是三军中的中军主将，中军主将往往同时也是第一执政大臣，被称为正卿。卿士的职位是世袭的，但是由谁来担任正卿执政，这个不固定，往往是几个卿士家族轮流担任执政。

赵衰在世时，没有当上执政。但是赵衰为人厚道，人缘不错，给后代们留下了不少人脉。赵盾就靠着这些人脉，当上了晋国的执政，而且一干就是 20 年，辅佐了晋襄公、晋灵公和晋成公三代国君。担任执政这么长时间，赵盾把晋国的政权把持得牢牢的，赵家的势力也因此急剧膨胀，晋国的国君几乎形同傀儡。

赵盾这个人和他爹赵衰的行事风格也大大不同。虽说赵盾也是很有政治才干的，可是为人较为严苛，缺少赵衰那种与人为善的思想。所以赵盾在担任执政的时候，也没少得罪其他的卿族。

公元前 621 年，晋灵公即位。即位的时候，晋灵公还是一个被抱在襁褓里的孩子，所以国家大事自然都是赵盾说了算。时间长了，晋灵公对于赵盾这个执政就非常畏惧。

晋灵公长到十五六岁，进入了叛逆的青春期。长期在权臣赵盾的压制下，年轻的国君有些心理变态。他为自己娱乐，兴建了一座高台，然后在台子上用弹弓打路上的行人。行人们为了不被弹子打到，就只好左躲右闪。晋灵公看着人们躲闪的样子，觉得非常有趣。

晋灵公是靠着赵盾的支持才当上国君的，而赵盾身为执政大臣，也有约束国君行为的义务。他经常去劝谏晋灵公，可是晋灵公本就讨厌赵盾的专横，赵盾再三地劝谏，只能起到反效果。

公元前 607 年，赵盾和副手士会求见晋灵公，准备用两个人的威望来约束一下国君。两个人刚要进宫，就看见几个侍女抬着个大筐出来，从筐里面露出了一只人手。

赵盾赶紧把侍女拦住，让她们把筐放下接受检查。这一看，赵盾和士会不禁倒吸一口冷气，原来筐里是一个人的尸体。赵盾忙问，这是怎么回事？

侍女开始不敢说，可是赵盾权势熏天，稍微一吓唬，这几个小女孩就全招了。原来，这个人是给晋灵公做饭的厨师。晋灵公想吃熊掌了，让厨师烹制。熊掌美味，但据说烹制起来很困难，不容易熟，需要等很长时间。可是晋灵公贵为国君，他就是不想等，非得限时间让厨师把熊掌炖熟了端上餐桌。厨师情急无奈之下，只好把没炖好的熊掌拿给晋灵公。熊掌没熟，晋灵公咬不动，就迁怒于厨师："你一个做饭的，连熊掌都炖不熟，我还要你干吗？"于是就将厨师拉出去斩了。

赵盾闻言，怒不可遏，他说："国君这么胡闹，做臣子的必须以死相谏。"士会拦住赵盾说："您是执政，要是您劝了国君都不听，那就再也不会有人进谏了。还是我先去，如果我说了不管用，您再去。"

赵盾想想有理，就让士会先去见晋灵公。

晋灵公听说士会来找他，心里也就明白个八九不离十。肯定又是赵盾那个老家伙派他来的，要说这个老赵可是够烦人的，总是让我不痛快。可是身为国君，又不能不见大臣，晋灵公就迅速地琢磨着怎么才能把这事应付过去。

士会过来了，晋灵公还坐在高台上，东张西望，假装看不见。

等到士会都走到台阶下面，行过君臣之礼了，晋灵公也不能再装了。士会刚要开口劝谏，晋灵公就想出了一个主意，变被动为主动，先做起检讨来了。他说：“寡人刚才在气头上，把厨师杀了，实在是寡人的不对。最近寡人行事狂悖，让各位大臣们担心了。你们放心，寡人已经知错，一定会好好改正，绝无下次。”

晋灵公这一招倒是很有效果，他主动认错，弄得士会原先准备好的说辞也都用不上了。国君都承认错误了，还能怎么样，给厨师偿命？在那个时代当然是不可能的。于是士会只好说：“谁还不犯个错呢？知错能改，善莫大焉。如果国君您能知道弥补过错，给国家带来好的结果，那我们这些大臣们还有什么不满的？”

说完，士会叩首行礼，然后就退下了，回去和赵盾一说，赵盾也没什么可说的，只好把火压下去，看国君的行动。

晋灵公总算松了一口气，然后就把自己说过的话忘得一干二净，依然故我。

赵盾非常不满，又没有别的办法，只好屡次劝谏晋灵公，试图约束晋灵公的行为。晋灵公因此更讨厌赵盾了，甚至开始策划杀掉赵盾。晋灵公找了一个名叫锄麑的勇士，让他去刺杀赵盾。

锄麑选了一个清晨，趁着天还没亮的时候去刺杀赵盾。

到了赵盾府上，锄麑看到赵盾卧室的门已经打开了。赵盾穿好了正式的朝服，准备好上朝了。因为时间还很早，所以赵盾就端坐在床上闭目养神。

赵盾的家人都在忙活着准备车马什么的，所以现在赵盾身边一个人都没有，正是下手的最好时机。

可是在大好时机面前，锄麑却犹豫了。他自言自语道：“赵盾天不亮就准备好上朝了，这样的人才是真正为老百姓做主的。晋国有这么敬业的执政，是咱老百姓的福气。我要是杀了他，那不是对不起全国人民吗？刺杀为老百姓做主的人，这是不忠。可是我答应了国君，如果不杀赵盾，那又是不信。不忠不信，反正我得占一样。这怎么办呢？干脆，我死了算了。”

做完思想斗争，锄麑看到赵家院子里有一棵大槐树，就一头撞过去，头破血流而死。

壮哉锄麑，虽然此次刺杀没有成功，但足以载入中国刺杀史。这说明，即使是搞暗杀的，也应该有自己的良知，不能助纣为虐。

锄麑的死，让赵盾逃过了一劫。不过这件事也给赵盾提了个醒，国君想要对付自己了，从此就更加小心。晋灵公则开始计划新的暗杀行动。

一天，晋灵公请赵盾喝酒，并在酒席上埋伏士兵，准备把赵盾在席间杀掉。

宴会上，赵盾的属下提弥名发现气氛不对，看来国君是准备动手了。为了保护自己的主人，他就对赵盾说：“臣下陪着君主宴饮，不能超过三杯，否则就是失礼。”说罢，拉起赵盾就往外走。

晋灵公一看，阴谋要败露，也就顾不上面子了。埋伏的士兵全都出来了，一起杀向赵盾。

形式十分危急，提弥名拼命死战，掩护赵盾逃走。在提弥名的拼死奋战之下，赵盾终于逃了出去，而提弥名则死在了乱兵之中。

国君和执政之间发生了这样的大事，标志着双方已经彻底撕破脸皮了。这样赵盾还怎么在国内待着，只好逃亡。

赵盾刚刚跑到国境线上，还没有出国呢，就听到国都那边传来消息：国君死了，赵家已经派人来接赵盾回去了。

怎么回事呢？原来赵盾逃亡之后，势力强大的赵家人不干了。

其中有一个叫赵穿的，是赵盾的堂兄弟（也有人说赵盾是赵穿的叔父）。赵穿倚仗赵盾的权势，横行无忌，谁都不放在眼里。而赵盾对赵穿也是照顾有加，很重视这个堂兄弟。

当赵盾被晋灵公逼走出逃时，赵穿的火气就上来了。他认为我们赵家辛辛苦苦辅佐几代国君，凭什么就被你赶走啊？而且平时一直照顾自己的赵盾被赶走，这让赵穿无论如何不能接受。于是赵穿就带着自己的属下围攻晋灵公。

晋灵公赶跑了赵盾，自以为没人管得了自己了，就放松了戒备，天天玩乐。好日子没过几天，赵穿带着军队就来了，把晋灵公堵在他经常游玩的桃园里面，杀了。臣子弑君这样的事情，在春秋时期也比比皆是。

杀了国君，赵穿就派人去边境追回赵盾，让他回来继续担任执政。在这样的局面下，赵盾当然不用继续出逃了，何况国君已死，国内混乱，正需要他去主持大局，于是赵盾就回到了国都。

赵盾回来以后，安抚百姓，平息大族之间的不满情绪，很快就安定了局势。

这个时候，晋国的太史董狐在史书上用简洁的语句记录了这次事件：赵盾弑其君。

董狐的胆子也够大的，他这么一写，就等于公然批评赵盾杀害晋灵公，直接跟执政大臣叫板。要只是在史书上写上一笔，那也就罢了，可是董狐还拿着书稿跑到朝堂上去宣读，生怕别人不知道。

赵盾一看，也是颇为尴尬，面子上很不好看。面对咄咄逼人的董狐，赵盾只好硬着头皮说："太史，你误会了，弑君的是赵穿，不是我。麻烦你给改改。”

董狐说：“您身为执政的正卿，在国君被害的时候，逃亡没有逃出国境，回来又没有惩罚弑君的凶手。杀害国君的人，不是你还能是谁？”

这一番话把赵盾说得哑口无言，他无奈地说：“这不是留恋故土嘛，要不我早就跑出去了。算了，我认了。”

就这样，“赵盾弑君”这个事就被记载下来了。

后来，孔子评价这个事的时候说：“董狐是个好史官，敢于秉笔直书，这个值得表扬。赵盾也是一个好大夫，为了维护国家的法度，甘愿背负恶名。要我说，如果赵盾当时跑出国境，那就不会受到史官的责难了。”

孔老夫子很欣赏赵盾，所以说这话有为赵盾开脱的意思。其实这样弑君的大事，哪能那么简单。那杀人的可是赵盾的兄弟，难道赵盾跑出国境就没责任了？再者说，赵盾回来以后也没有追查弑君这个事，赵穿在赵家继续过好日子，所以弑君这个事，赵盾还真脱不了干系。

所以董狐把弑君的帽子扣在赵盾头上，那是一点也不冤枉。毕竟赵盾是这个事件的最终得利者。

可是这太史毕竟是没什么实权，也只能写写史书了。笔头子不能直接杀人，顶多是发泄一下怨气。赵盾也算是个开明的执政者，他不情不愿地认可了董狐的记载，没有因此搞个“文字狱”什么的。不管弑君这个事赵盾要负多大责任，至少他能容忍史官的点名批评，这个胸怀，还是值得赞赏的。

晋灵公既死，赵盾就派人从国外把晋文公的一个儿子接回来当国君，即晋成公。

这就是“赵盾弑君”事件，也就是赵氏孤儿故事发生的导火索。

二 《史记》中的赵氏孤儿故事

记载赵氏孤儿这个故事的最早、最权威的史料，是《史记》中的《赵世家》。按照《赵世家》的记载，赵盾在执政20余年后病故，此时赵家已经权势熏天。赵盾有三个同父异母的兄弟，分别叫作赵同、赵括、赵婴齐。赵盾的儿子名叫赵朔。

公元前588年，晋成公的儿子晋景公在位时，晋国扩充了军队，由原来的三军扩展为六军，这样卿士的数量就由6个变成了12个。赵家的赵同、赵括和赵朔都担任了卿士。赵盾的堂兄弟、弑君案的主角赵穿此时也已去世，但是他的儿子赵旃也位列诸卿。赵氏虽然没有人再担任执政，但赵家一门四卿，也足以成为晋国的第一家族了。

赵家在晋国风头很盛，让不少人看着眼红。晋国的司寇名叫屠岸贾，当年在晋灵公面前就很得宠。晋灵公被赵穿杀了，屠岸贾作为晋灵公的心腹，从此失去了政治上的靠山，当然是怀恨在心。后来晋景公即位，屠岸贾又很得晋景公的宠信。司寇是主管刑狱的官员，拥有约束士民大臣的权力。

屠岸贾为击败赵家，实现大权独揽的愿望，就在晋景公面前屡次进谗言陷害赵家。晋景公开始并不在意，后来听得多了，也觉得赵家坐大确实不利于维护自己的权力，就动了灭掉赵家的心思。

屠岸贾看出了晋景公的意思，就召集诸将，假传晋景公的命令："当年赵穿弑杀先君灵公，虽然赵盾并不知情，但是身为赵家的家主，他管教不严，也有脱不了的干系。现在赵家的子孙不仅没有承担弑君之罪，反而还在朝中为官，这怎么能行。我有国君的口信，要诛灭赵家，各位可有什么疑问吗？"

卿士韩厥是赵盾一手带大的，素来和赵家交情深厚。他听到了这话，马上站出来反对："当年弑君的事情，赵盾并不知情，所以先君也没有怪罪赵盾。现在赵盾已死，我们却要处罚他的后人，这怎么能让人信服？"

屠岸贾说："国君已经下了命令，我等怎敢不执行？明天我就带军队去抓赵家的人。"

诸将谁都不说话，韩厥势单力孤，也只好闭嘴。暗中却准备好去赵家送信。

会后，韩厥连夜跑去见赵朔，说明利害，让他出国暂时躲避。赵朔摇摇头，说："当年我父亲没有逃避弑君的罪过，这次如果屠岸贾是奉君命而来，我又怎么敢逃避？咱们韩赵两家交好多年，我相信你一定会保住我们赵家的血脉的。"

韩厥没有办法，只得忍痛答应了赵朔的请求。

第二天，对赵家的清算开始了。屠岸贾调动军队包围了赵家居住的下宫，宣称得到了国君的命令，要惩罚赵家的弑君之罪，把赵家男女老幼都揪出来杀个干净。

赵朔的妻子是晋成公的姐姐，被称为赵庄姬（注意，这个不是名字，而是一个称号，电影中似乎把"庄姬"当成名字了，这是不对的）。在出事的时候，赵庄姬已经怀上了赵朔的儿子，即将临盆了。赵朔知道自己将大祸临头，就让赵庄姬躲到公宫（国君的宫殿）。夫妻两人挥泪而别，赵朔嘱咐赵庄姬："如果生的是女孩，这是天要亡我赵家，取名为文吧；要是生了男孩，一定要取名为武，将来好给我们报仇。"

赵庄姬点头称是，赵氏的家臣公孙杵臼和赵朔的好朋友程婴，保护着赵庄姬，躲进了公宫。

赵家的几个主要人物都没有逃脱这场大难。按照《史记》的记载，赵朔、赵括、赵同、赵婴齐全都死于非命。往日人来人往、热闹非凡的下宫，一下子变成了尸横遍地的人间地狱，赵家几乎全家灭绝。

屠岸贾杀了半天，没有找到赵朔的妻子赵庄姬。后来得知，赵庄姬已经躲进国君家里了。由于赵庄姬的公主身份，屠岸贾不能随便抓来就杀，不过他要对赵家斩草除根，就时刻派人去宫殿中盯着，看看赵庄姬能生出什么。

不久，赵庄姬就生产了，还真生了一个男孩。按照赵朔的遗愿，这个孩子就取名为赵武。

几乎与此同时，赵武出生的消息就传到了屠岸贾的耳朵里。他立刻带兵进宫搜查，一定要把这个婴儿扼杀在襁褓里。

一群凶神恶煞般的士兵冲进宫里，赵庄姬想把孩子藏起来，可是藏在哪里都觉得不安全。情急之下，就把婴儿藏在自己裙子里面，心里还暗暗祷告："要是老天想让赵家绝根，就让这孩子哭；要是赵家命不该绝，就别让这孩子哭。"

屠岸贾带着士兵在房间里搜索一圈，挖地三尺也没有找到男婴。赵武躲在赵庄姬裙子里，一声也不吭。

找不到孩子，屠岸贾又不敢对赵庄姬怎么样，就带兵撤回了。

赵庄姬惊出一身冷汗，可是躲得了一时，躲不了一世，屠岸贾肯定还会再来搜查的。公孙杵臼和程婴就跟赵庄姬商议，由他们两个把孩子带出去抚养，等长大成人再让他回来报仇。赵庄姬同意了。

孩子接出来之后，公孙杵臼和程婴也不知道躲在哪里安全。公孙杵臼沉思了一会，就问程婴："为赵家死节和抚养这个孤儿长大，这两件事情，哪个更容易呢？"

程婴说："死很容易，还是抚养孤儿长大更难。"

公孙杵臼说："既然如此，我就先做点容易的事，把难的事就留给您了。"

程婴大惊，公孙杵臼就和他说了自己的计划：用一个别的婴儿来代替赵武，由程婴出去告密，骗屠岸贾放弃疑心。

看着自己的好友一心求死，程婴很伤心，就用自己刚出生的儿子代替赵武，交给公孙杵臼。真正的赵氏孤儿，则被送回程婴家寄养。

于是程婴就跑到屠岸贾等人面前，说："我程婴没什么本事，保护不了赵家的孤儿了。你们谁能给我黄金千两，我就告诉你们赵氏孤儿的下落。"

屠岸贾闻言大喜，马上给了程婴一千两黄金。程婴就把公孙杵臼隐藏的地点告诉了屠岸贾。

屠岸贾带兵去搜，把公孙杵臼抓了个正着。公孙杵臼看到程婴，便破口大骂。程婴则装作很羞愧的样子，两个人一唱一和，演得十分逼真。

屠岸贾杀了公孙杵臼，以及公孙杵臼抱着的那个小孩（实际上是程婴的孩子）。

公孙杵臼死后，程婴忍受着丧子之痛带着真正的赵武，在山中隐居。在程婴的悉心照料下，赵武很快长大成人，不仅博学多才，而且还孔武有力。

赵家灭族之后过了十几年，晋景公突然生病，就叫来巫师占卜。占卜的结果是大业为了自己的子孙遭到冤杀而作怪。大业是一个传说中的部落首领，是嬴姓的早期祖先。而赵家也是出于嬴姓。

晋景公没反应过来，我没得罪大业的儿孙啊。韩厥赶紧趁机进言："咱们晋国的赵家就是嬴姓，为大业之后。十几年前赵家惨被灭族，这正应了巫师的占卜啊。"

韩厥这么一说，晋景公也害怕了。毕竟诛灭赵家全族这个事，是在他的默许之下进行的。晋景公就问韩厥："赵家已经灭族，要是还有后代留存，我一定要好好封赏他。"

韩厥当然知道赵武还活着，于是就屏退左右，悄悄和晋景公说："赵朔尚有一子存世，名叫赵武。为躲避屠岸贾的追杀，他和赵家的门客程婴一起在山中隐居。主公可暗中派人寻找，切不可惊动屠岸贾等人。"

于是晋景公就派韩厥秘密去接赵武回国都。赵武已经15岁了，长得相貌堂堂、高大威猛。晋景公看了以后很喜欢，就决定让赵武继承原来赵家的封地，恢复他的地位。

既然已经找到赵武，韩厥就暗中召集诸将，向他们宣布赵家的后代已经找到，并且国君已经恢复了赵家的地位。诸将看到大局已定，当然不敢反对，都纷纷表示自己当年是为屠岸贾所骗，误杀忠良，所有责任都在屠岸贾身上。

于是晋景公下令捉拿屠岸贾。诸将和赵武一起围攻屠岸贾，把屠岸贾灭族，算是给赵家报了仇。

赵家冤仇得报，赵武也重新担任了卿士。而一直抚养赵武的程婴，却和赵武告别。这个告别，不是要远走山林隐居，而是要自杀，去找自己的老朋友公孙杵臼。

赵武很惊讶："您照顾我这么多年，我是把您当作生身父亲看待的。现在冤仇得报，正是我们大展宏图的时候，您怎么想死了？"

程婴说："当年我和好友公孙杵臼相约，他先死以骗过屠岸贾的耳目，而我则要把你培养长大。现在我的任务已经完成，按照事先的约定，也是时候去找老朋友报告去了。"赵武苦劝，程婴不听，最后还是自尽了。

于是赵武就为程婴（当然也包括公孙杵臼）穿孝三年，以示报答。据说到现在很多赵姓家族还有祭祀程婴和公孙杵臼的习俗。

这就是著名的"赵氏孤儿"的故事。这个故事的影响力非常之大，以此为题材的小说、戏曲，以至我们最近看到影视作品，那都是数不胜数。尤其难能可贵的是，这个故事不仅在国内传唱了2000多年，还早在公元18世纪就被翻译成外文介绍到欧洲去了。法国文豪伏尔泰甚至还把这个故事改编成剧本《中国孤儿》，在巴黎各大剧院上演，盛况空前。

这个故事确实很有戏剧性，情节也颇让人感动。更重要的是，这个故事记载在中国第一部纪传体通史《史记》当中，仿佛是给它的可信度打上了一个标签一样。

《史记》的记载是不是就一定可信呢？我们说，《史记》是“二十四史”中的第一部，是历代都承认的“正史”。但是《史记》毕竟是汉朝人司马迁所作，对春秋时期的历史而言，《史记》只能算是二手资料，而《左传》《国语》则是相对而言更直接的第一手资料。另外，《史记》是司马迁私人撰写，里面寄托了司马迁的一些个人情感，所以对某些事情的记载，也不可避免地会掺杂进一些主观的东西。

我们现在看到的各种版本的赵氏孤儿故事，无论在细节上做了多少修改，其主要的故事脉络，还都是来源于《史记》。《史记》关于这个事情的记载，到底有没有问题呢？

三　细辨“赵氏孤儿”

我们先不找别的史料，只从《史记》不同篇章的记载中，来看看这个传说有哪些破绽。

晋国的赵家，到了战国时代就分裂出去成为赵国，位列诸侯。因此，司马迁的《史记》中就有了专门记载赵家的《赵世家》。但是，关于赵家的史料，也并不仅仅保存在《赵世家》中，《晋世家》中也有很多记载。

在《赵世家》中，赵家的赵朔、赵同、赵括、赵婴齐都被屠岸贾杀了，但是作为赵家旁支的赵旃没有被提到。而在《晋世家》中，可以看到赵旃不但没有死，好像赵家灭族这个事与他也没有什么关系，他在赵家灭族之祸以后，还继续担任卿士。

这就说不通了，因为屠岸贾灭赵家的借口就是赵盾弑君。可是大家都知道，弑君的直接凶手是赵穿，赵盾毕竟没有直接动手。那么，赵旃作为凶手赵穿的儿子，没理由在赵家灭族事件中幸存，更不可能在这之后还继续位列要职。这就是赵氏孤儿故事中最大的一个破绽。

而在事件发生的时间上，《史记》的记载也有很多矛盾之处。这里我们就不一一列举了。

再来说说故事中的大反派屠岸贾。按照故事中的说法，这个家伙权力也大得很，居然能把权倾朝野的赵家轻易击倒，而晋国其他的世家大族居然没有人敢提出异议。韩家在晋国也算是名门望族，可是韩厥说的话对屠岸贾根本就一点影响也没有。这个屠岸贾到底是什么来头，仅仅是国君的宠臣就能有这么大的能量吗？

晋国自晋文公时，就已经设立六卿。此后，卿士身份世袭，能当上卿士的，都是有深厚根基的大族，当时也直接称呼这些家族为“卿族”。至于能当上正卿、手握执政大权的人，则不仅要有家世背景，还要得到其他各家的认可，有出众的政治才干，甚至还需要一些运气。当然，在残酷的政治斗争中，总有一些卿族被淘汰，但是绝不可能突然蹦出一个默默无闻的人来掌权。

晋国确实有一个屠岸贾，但是这个家族从来也不是什么望族，最多出现一两个大夫，离真正的权力核心很远。这样的家族，除非有特殊的功勋，否则不可能位列卿士，更不可能执掌政权了。春秋时代，还不是一个君主集权专制的时代，不是说国君想要提拔谁就能提拔谁的，即便是屠岸贾深得晋景公信任，但是基础不牢，也没有一步登天的可能。

这个时期晋国掌权的人都有哪些，史书上也都记载得很明白。

首先，担任执政的人是栾书，栾家也是晋国的大族。其次，担任卿士的人分别来自赵家、荀家、郤家、士家、韩家，等等。有这么多世家大族在，怎么能没来由地突然冒出一个手握大权的屠岸贾呢？

而且，关于赵朔，不同的史书记载也不尽相同。基本上可以确定的一点是，早在赵家灭族惨案之前几年，赵朔就已经去世了。这样，赵武也不是在灾难发生的那一年才出生。在赵家被灭之时，赵武至少也是一个几岁的小孩了。

还有就是赵朔的妻子、赵武的母亲赵庄姬。《史记》上说赵庄姬是晋成公的姐姐，晋成公是晋文公的儿子，那么赵庄姬应该是晋文公的女儿。可是问题随之而来：赵朔的爷爷赵衰，当年也是娶了晋文公的大女儿为妻。祖孙两个同娶一代人，这个且不说辈分上乱了，就是年龄上恐怕也不相当。

这么说来说去，赵氏孤儿的故事实在是疑点很多，《史记》的记载，并不是十分靠谱。

接下来，就让我们依据更早的史料，来揭开赵氏孤儿故事的本来面目吧。

四　赵氏孤儿的真相

要说清这个事，还要先把晋国赵家内部各支脉的关系厘清。

我们把赵衰这一系，看作赵家的主支。赵衰把家主的地位传给了赵盾。赵括、赵同和赵婴齐是赵盾的同父异母兄弟，赵朔则是赵盾的儿子。

在赵衰这一支以外，还有赵穿这一支。赵穿的父亲是谁，难以考证，不过和赵衰应该是兄弟关系。赵穿就和赵盾、赵括等人是堂兄弟。赵穿的儿子就是赵旃。

赵家主要人物的关系示意图如下：

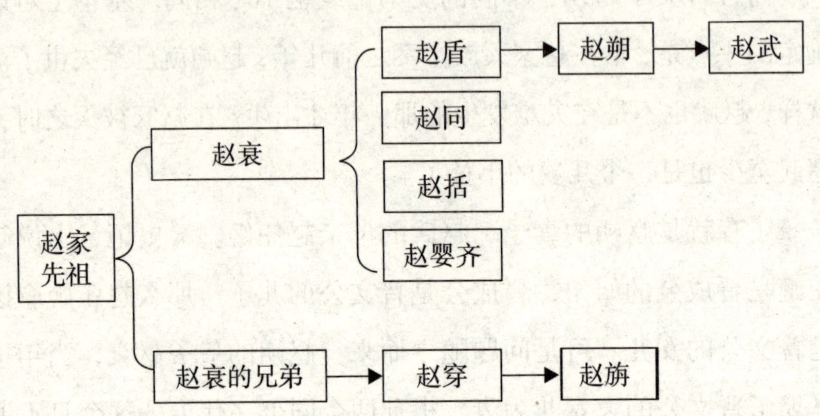

把时间回溯到赵衰的时代。赵衰跟着晋文公重耳流亡的时候，在北方的狄国娶了一个女子，生下了赵盾。后来重耳为躲避追杀再次流亡，赵衰也跟着他离开狄国，却把妻子儿子都留在了狄国。

流浪数年之后，重耳回国当上了晋文公，就把自己的女儿嫁给赵衰，我们称赵衰的这个妻子为赵伯姬（也是一个称呼而不是名字）。赵伯姬为人贤惠，一嫁过来就敦促赵衰把狄国的原配夫人和已经成年的赵盾接回来。然后，赵伯姬奉赵衰的原配夫人为正室，并坚持立赵盾为赵衰的继承人。后来，赵伯姬又给赵衰生了赵同、赵括、赵婴齐这三个儿子，这三个人也都听赵盾这个老大哥的话，一家人非常和睦。

后来赵衰死了，赵盾掌了权。如果没有赵伯姬的大度和贤惠，赵盾就当不了赵家的家主，当然更不可能成为晋国的执政了。所以赵盾非常感激赵伯姬，决定要投桃报李，再把家主的位置传给兄弟赵括，而不是儿子赵朔。这样，就报答了赵伯姬当年的恩情。

所以赵盾死后，赵括就成了赵家的老大。赵盾做这样的安排，是出于维护兄弟和睦和家族团结的目的，但是好的目的不一定带来好的结果。赵盾的做法不仅没有避免赵家内部的矛盾，反而促使了矛盾的爆发。

赵盾自己高风亮节，可是他的后辈不一定这么想。尤其是赵盾的儿媳妇赵庄姬，那可不是一个忍气吞声的人。

赵朔的妻子赵庄姬确实是晋国宫室女子，但说她是晋成公的姐姐，则不合常理。有一种说法是赵庄姬为晋成公女儿，晋景公的姐妹，这似乎更合理一些。宫室女子，自然心高气傲，不甘为人下。

可是赵朔在赵家灭族事件之前就去世了，留下赵庄姬和赵武这孤儿寡母，又失去了家主之位。赵庄姬母子无依无靠，还真有那么点“赵氏孤儿”的意思。

赵庄姬是不甘心这样的，她时刻想着要夺回赵家的家主之位，给自己的儿子赵武争取到一个卿士身份。赵家的内部矛盾也由此逐渐激化。

赵家在晋国势力庞大，惹得国君和其他卿族不满，这是造成赵氏灭族的主要原因，和弑君那个事没有太大关系。

赵家的新家主赵括以及赵同、赵旃等人，并不知道树大招风的道理，在为人处世方面不知收敛。他们在领军执政方面，得罪了不少晋国的大族，尤其是与栾家、郤家关系十分紧张。栾、郤这两家，也是晋国世代掌权的卿族。但是这些家族长期被赵家压制，对赵家也是一肚子怨气。在晋景公时代，栾家的栾书当上了执政，形势就要发生逆转了。

事件的导火索还是在赵庄姬这里。赵朔死后，赵庄姬不甘寂寞，和叔父辈的赵婴齐通奸。这个丑事被赵括和赵同知道了。身为家主的赵括有权处理自己家族内的事务，于是就和赵同一起，把赵婴齐发配到齐国去了。

赵婴齐知道自己做错了事，可是他也同时看出了赵家将会面临的灾难。在临走时，赵婴齐以弟弟的身份苦口婆心地向两位兄长求饶："我虽然做错了事，可是有我在，咱们团结一致，其他的卿族就不敢把我们怎么样。如果我去齐国，那栾、郤等家族肯定会和我们作对。为了咱们赵氏家族考虑，你们就饶了我吧。咱们兄弟同心，一致对外，才能保住赵家安然无恙啊。"

赵括和赵同不以为然，自认为赵家势力强大，有他们两人再加上一个旁支的赵旃。赵家一门三卿，谁敢对赵家不利？赵婴齐伤风败俗，论罪就该流放，毫无商量余地。

赵婴齐只好起程去齐国。谁知他这一走，还真避免了一场灾难。

赵婴齐被流放，赵庄姬很不高兴。这不仅意味着自己后半生就要真的守寡了，而且赵括和赵同这两位叔父还随时都可以收拾自己。赵括是家主，家里的事自然归家主管。

赵庄姬当然不希望自己成为任人宰割的鱼肉，也不希望自己的儿子变成赵家的旁支别脉。她要把赵家的正朔重新转移到自己这一支，让自己的儿子赵武能够继承赵家的家主之位。

于是赵庄姬利用自己与国君的特殊关系（赵庄姬毕竟是公主身份），在晋景公面前进谗言："赵家在晋国的势力太大，赵同和赵括这两个家伙已经打算作乱了。”

晋景公一听，这还了得？赶紧和栾、郤两族商议。这两个家族都巴不得赵家赶紧倒霉，所以就站出来给赵庄姬做证，说是有这么回事，我们都听说赵同赵括这哥儿俩准备杀了国君您呢。

晋景公吓坏了，栾、郤两家的人就劝晋景公先下手为强，灭了赵家。于是晋景公在栾、郤等大族的支持之下，在公元前 583 年夏天，突然发难，在赵氏居住的下宫逮捕了赵同和赵括全族，把他们全杀了。赵家的财产（在当时主要是土地）全部没收，赏给其他的大夫。

赵庄姬作为举报者，她的家人当然不会被牵连，她带着儿子赵武就住在晋景公的宫殿里。他们这一对可算得上是史上数得着的强势孤儿寡母，根本没有人敢害他们。而且赵朔这一支已经算是赵家的旁支了，主家犯罪，一般是不牵连到旁支的。赵旃这一支也没有受到什么伤害，而是继续当卿士，过得很滋润。

韩厥小时候是被赵盾养大的，一向和赵家有交情。赵家遇到这样的大事，他当然不能坐视不理。赵同、赵括虽然被灭族了，可是赵朔的儿子赵武不是还活得好好的？于是他就对晋景公说：“赵衰、赵盾给国家立下那么大功劳，您不能忘啊。您要是不给赵武爵位，那人家会说您堂堂国君居然欺负赵家的孤儿寡母。”

韩厥的话也代表了一些卿族的意见。晋景公知道，此时如果彻底灭掉赵家，那么除了栾、郤两族会幸灾乐祸以外，其他家族只会有唇亡齿寒之感。再说，赵武又是自己姐妹的儿子，无论如何不会和自己这个舅父过不去。

于是晋景公就恢复了赵武的赵家家主身份，让他继承了赵家的土地和家产。十几年之后，赵武长大成人，获得了卿士身份。又过了几十年，赵武终于熬成了执政，实现了赵家的重新掌权。

赵庄姬就是用这样一种血腥的办法，害死了赵同赵括，给自己的儿子争回了赵家的正室地位。这才是所谓“赵氏孤儿”故事的历史真相。

当然，也不能说司马迁老先生在《史记》中的记载就全无根据。有人认为，司马迁很有可能是依据赵国的史书来记载这个事的。

晋国的赵氏到了战国时期，就分出来成为赵国了。赵国的史官在记载老祖宗的事迹时，自然会对祖宗们的丑事加以回避。而赵家险些灭族这么大的事，不记载是不行的，但是如实记载主母通奸也实在有失体统。所以只有想办法进行“改造”，把这次灭族事件说成是奸臣屠岸贾所为，还塑造了一个贤惠的主母赵庄姬，以及两个忠心耿耿的门客程婴和公孙杵臼。

其实，我们前面已经说过，晋国的世家大族们把持权力早成了传统，卿士的职位都是世袭的，怎么可能没来由地突然冒出一个屠岸贾来。而程婴和公孙杵臼这两个人也是正史无载，即使真有这两个人，恐怕也不是什么决定性的人物。

但是赵氏孤儿的传说毕竟情节曲折、内容丰富，尤其是其中反映了很多可贵的古代人文精神，如忠、义，责任感、使命感，等等。

历史的真相，有时候会因为传说而流传后世，有时又会湮没在传说之中。即使我们知道赵家灭族事件的真相，但是“赵氏孤儿”的传说，以及这个传说所带给我们的精神财富，还将继续流传下去。

“兵圣”孙武有何辉煌战绩?

在中华民族的历史上，因朝代更迭、抵御外侮、反抗暴政而爆发的战争数不胜数。在这些战争当中，涌现出了不计其数的优秀将领，以及众多影响深远的军事著作。其中，孙武和他的《孙子兵法》，无疑在古代军事史上占有重要的地位。

《孙子兵法》是中国现存最早的一部军事理论著作，也是中国古代最有影响力、最优秀的一本兵书。在《孙子兵法》之前，应该也有一些军事著作，但是这些著作都没能留传下来。而在之后的中国历史上，军事著作层出不穷，可是也没有一本的影响力能够超过《孙子兵法》。《孙子兵法》被称为“百代谈兵之祖”，有人甚至这样评价《孙子兵法》:“前孙子者，孙子不遗;后孙子者，不能遗孙子……”也就是说，在《孙子兵法》以前，也有一些优秀的军事著作，这些著作的精华部分，都被《孙子兵法》继承了下来；而在《孙子兵法》之后，所有的兵书又都不能不借鉴和学习《孙子兵法》。古代皇帝的楷模、能征善战的唐太宗李世民，称赞《孙子兵法》：“观诸兵书，无出孙子。”就是说唐太宗看了那么多兵书，没有一本能超过《孙子兵法》的。在宋代，官方亲自规定了七本兵书，作为武将需要学习的教材，称为“武经七书”，而这七本兵书当中，又以《孙子兵法》居于首位。《孙子兵法》中的很多名言警句，比如“知彼知己，百战不殆”“以逸待劳”“置之死地而后生”“不战而屈人之兵”，等等，也流传于后世，成为很有影响力的习语。在现当代，人们对《孙子兵法》的推崇，已经不仅仅局限在军事领域，很多人把这部兵书用于经商、从政、处理人际关系，等等。虽说这样做的效果，我们还不敢贸然评价，但是这也充分反映出《孙子兵法》影响力之深远。

即使在世界范围，《孙子兵法》都是一部了不起的作品，它是现存世界上最早的一部军事理论著作，同时也是中国古代军事在世界上的一个标志性符号。在古代中国为数众多的各类典籍之中，《孙子兵法》在世界范围的知名度几乎等同于《论语》《老子》。西方国家的学者在撰写军事史著作时，即使再不重视中国，也要提一下《孙子兵法》，否则他们的军事史著作就不算完整。与《孙子兵法》差不多同一时代或稍晚，西方也有一些军事著作，比如《伯罗奔尼撒战争史》《高卢战记》，等等。但是这些著作，严格地说只是军事史的描述，是对某一场战争过程的记录，还没有上升到军事理论高度。《孙子兵法》则不然，全书贯彻“舍事而言理”的风格，全面分析战争的性质、规律，作战的基本原则和方法等等，体现出了极高的理论造诣和惊人的超前性。西方真正出现一本可以比肩《孙子兵法》的著作，是 19 世纪初德国军事家克劳塞维茨的《战争论》，而这本书却比《孙子兵法》晚了 2000 多年。《孙子兵法》在国外军事领域也得到了相当多的应用，比如日本战国时期的名将武田信玄，特别喜欢《孙子兵法》中“其疾如风，其徐如林，侵掠如火，不动如山”这句话，给自己手下的四员大将以风、林、火、山的称号（当然，从这里面可以看出，武田信玄对《孙子兵法》恐怕也只是盲目崇拜，而并没有真的理解《孙子兵法》）。据传说法国军事家拿破仑就读过法文本的《孙子兵法》。还有一个传说是德皇威廉二世发动第一次世界大战失败后，读到了《孙子兵法》，懊悔地说："早几年读《孙子兵法》，我就不会有如此的惨败了。"第二次世界大战之后美国的对苏战略就借鉴了《孙子兵法》；几场重要的局部战争，如海湾战争中，战争双方都很注重对《孙子兵法》的研究。以色列当代战略学者克利弗德认为，在所有的战争研究著作中，《孙子兵法》是最优秀的，而《战争论》则只能排在第二位。

《孙子兵法》真可以说是誉满天下、泽被当今。这本书的作者孙武，也被称为"兵圣"，得到后人尊崇。很多人都认为，孙武既然能写出这么优秀的一本兵书，那他在战场上也一定是威风八面的常胜将军，战功那一定是相当显赫的。那就让我们看看，这位"兵圣"都指挥过哪些激动人心的战役吧！

一　灭楚功臣

公元前522年，楚国重臣伍奢因受到楚平王的猜忌，再加上奸臣陷害，最终被处死。伍奢的儿子伍员（也就是我们常说的伍子胥，员是名，子胥是字）被迫逃出楚国，投奔了楚国的死对头吴国。出逃之前，伍子胥对天发誓，一定要灭了楚国，给自己的父亲报仇。

吴国位于楚国的东方，其国都姑苏大概在今天的江苏省苏州市。在吴国，伍子胥找到了吴王僚的弟弟公子光当靠山。公子光素有野心，总想取吴王僚而代之。伍子胥就给公子光出主意，让他结好于勇士专诸，得到专诸的誓死效命。随后，就利用专诸刺杀了吴王僚。在吴王僚死后，公子光自立为吴王，就是历史上著名的吴王阖闾。

吴王阖闾掌了权，重用伍子胥。伍子胥身负血海深仇，恨不得吴王阖闾马上就发兵攻楚。不过阖闾身为一国之主，也知道论起综合国力，吴国绝对不会是楚国的对手。春秋时期的楚国，是当时数一数二的大国，一直在与北方的晋国争夺诸侯霸主的宝座，其实力，根本不是一般的诸侯能比得了的。吴国多年来一直在楚国的东部边境进行袭扰，虽然也取得了一些战果，使得楚国疲于奔命，却不敢大规模向楚国发动进攻。如果说吴国是一匹饿狼，那么楚国就是一头熊。狼可以趁熊打盹的时候过来占点便宜，但是一旦正面打起来，熊一掌就能把狼拍死。

阖闾就对伍子胥说："不是我不想伐楚，实在是我们两国实力相差太大。楚国地大人多，吴国毕竟只是一个小国，人少兵少，即使想给你报仇，也力不从心。"

伍子胥知道，阖闾这说的也是实话，并不是故意推托。于是伍子胥就对阖闾说："战争的胜负，也不一定全看军队数量的多少。如果有善于用兵的将领，那么很少的兵力也能取得很大的效果。我就给您推荐一个军事上的奇才，这个人名叫孙武，祖上是齐国大夫。后来为了避难，他们这一家就逃出了齐国，现在正在我们吴国隐居。孙武对用兵打仗极有造诣，还亲自撰写了《孙子兵法》十三篇。大王可以招来重用，那么我们一定能击败楚国。"

吴王阖闾闻言大喜，于是就派人去请孙武。

孙武来到吴王的王宫，先向吴王阖闾献上自己所作的《孙子兵法》。吴王阖闾如获至宝，一篇一篇地翻看着，一边看一边称赞。都看完了，阖闾就饶有兴致地问孙武："您的《孙子兵法》十三篇，我已经都看过了，写得确实精妙。不过，道理讲得虽好，我却想看看这些道理应用于实践是什么效果。您能现场给我演示一下吗？"

孙武说："当然可以，请大王给我一只卫队，我训练他们给您看看。"

吴王阖闾刚想答应，突然脑子里冒出个想法：训练军队，是个将领就会，即使你训练得好，我又怎么能看出你的才能呢？不如想个新点子难为难为孙武。

于是阖闾说："如果是一队妇女，你能把她们训练成战场上的战士吗？"

阖闾这么一问，孙武就知道这是有意在考验自己。孙武说："打仗是男人们的事情，让女子上战场，有违天理，所以还是不要试了吧。"

听了这个回答，阖闾有些失望，不过也勾起了他的兴趣。按孙武这个说法，他不是没办法训练女子，而是不愿意。那我倒要看看你有没有这个本事。

于是阖闾又对孙武说："我们吴国地小人少，兵源不足。如果能把女子也训练成战士，那就能增加我们的实力，我们才能有和大国争雄的资本。如果您真有这个本事，那还是不要谦虚，试验一下给寡人看看。我又不是说马上让女人去打仗，只是想深入了解一下您的能力。”

孙武一听，吴王阖闾已经摆明了要拿这个事来考查自己，看来不露一手是不行了。于是孙武就请吴王阖闾挑出 180 名宫女出来，分成两队，给自己训练。为了保证训练的效果，孙武还要求吴王把自己最宠爱的两个妃子也叫出来，担任队长。

孙武让这些宫女们都拿着兵器站好，然后问她们：“你们知道自己的前心后背左右手都在哪里吗？”

宫女们七嘴八舌地回答：“知道。”

孙武又说：“那好。一会儿听我的命令，我让你们向前，你们就面向前心的方向；让你们向后，就转向后背的方向；让你们向左，就转向左手边；让你们向右，就转向右手边。都听明白了吗？”

宫女们说：“听明白了。”

于是孙武就找来一个卫士当军法官，让他拿着斧钺在一旁监视。然后命令传令官击鼓，让队伍右转。

这些宫女们平时都在深宫里养尊处优，突然听说大王要看女子操练，还以为是什么好玩的游戏呢，所以谁也没把命令当回事。孙武命令她们向左，可是这些人嘻嘻哈哈，做什么动作的都有，场面一片混乱。

孙武就说：“命令不明，队伍不整，是主将的失误。”于是就几次申明命令，可是宫女们还是不听话，嘻嘻哈哈有说有笑，根本没人把孙武的命令当回事。

孙武把脸一沉，叫过军法官，说道：“主将已经三令五申，队伍仍然不听指挥，这就是下面队长的责任了。”命令把两个队长拉出去斩首。

军法官冲进队伍里，把吴王的两个宠妃揪了出来，按在地上就要砍头。

吴王阖闾在殿上观看，突然见孙武要杀自己的宠妃，非常吃惊，赶紧派人来传话：“寡人已经知道您用兵的手段了，这两个宠妃就不要杀了，没有她们，我吃饭都不香，所以还请您法外开恩。”

孙武也不领情，而是叫人传话给吴王：“军法非同儿戏，否则怎能指挥军队？何况将在外，君命有所不受。”

就这样，吴王的两个宠妃稀里糊涂地就死在了斧钺之下。孙武又重新在两队宫女中各找了一个队长，让她们约束队伍。

宫女们眼看着吴王的两个宠妃被砍了头，全吓傻了。这一下，谁也不敢嬉闹，而是小心地听从孙武的命令，向左转、向右转、向前看齐，动作整齐多了。

训练了一会，看到宫女们能够摆出比较完整的队列了，孙武才给吴王传话：“现在军队已经训练好了，您可以过来看看，让她们赴汤蹈火，她们也不敢不去。”

此时的吴王阖闾已经被刚才斩杀宠妃的事情惹恼了，可是当着那么多大臣的面，也不好发作，就说：“行了，您先回去歇着吧，我也不用看了。”

孙武冷笑一声，知道吴王在生气，就说：“看来大王也只是表面上喜欢兵法，实际上却不能实行啊。”

伍子胥在旁边劝吴王：“两个宠妃，不过伺候您的起居。而孙武则能帮助您称霸诸侯。大王切不可因小失大。”

这样，吴王阖闾终于决定起用孙武，让他和伍子胥一起训练军队。

在吴国期间，孙武向吴王阖闾进献了很多计策，帮助阖闾屡次出兵削弱楚国。直到公元前506年，北方的晋国和楚国闹矛盾，号召天下诸侯出兵伐楚。吴国就趁着这个机会，派出大军，展开了对楚国的全面进攻。

吴王阖闾亲自挂帅，以伍子胥、孙武等人为将军，从东北部攻进楚国境内。楚国发兵抵御。吴军佯装实力不济而后退，把楚军引诱到柏举（今湖北省麻城市境内），然后一战击溃楚军主力部队，取得重大胜利。

随后，吴军乘胜追击楚军残部，千里奔袭，于这一年年底攻入楚国都城郢都（今湖北省荆州市），楚王被迫逃走，吴国终于击败了这个长期以来的主要对手。

在这一系列的战役中，孙武为吴王阖闾出谋划策，立下了很大的功勋。

但是，楚国毕竟是一个底蕴深厚的大国，吴国虽然能取得一时的胜利，但是并没有全面吞并楚国的实力。攻占郢都之后不久，吴军就在楚国人的反抗以及其他诸侯的干涉之下，退兵回国了。而孙武，也在这之后不知所踪，有人猜测他又回去隐居了。

这就是我们今天所能了解到的孙武生平的主要事迹。

二　身份事迹之谜

按理说，能写出《孙子兵法》的人物，应该是一个名满天下的百战将星，可是我们要想从史书中找到孙武的辉煌事迹，则会非常失望，因为史书对于孙武的记载实在是太过简略。

详细记录了春秋历史的编年体史书《左传》，以及《国语》当中，吴王阖闾、伍子胥等人的名字赫然在列，他们的事迹也都比较详尽。可是我们翻遍《左传》和《国语》，根本找不到孙武的名字。

战国诸子百家著作中，偶尔会提到孙武，不过也是寥寥数语，言之不详。而战国时期又出了一个著名的军事家孙膑，据说是孙武的后代。我们知道，古人经常喜欢用“子”这个尊称，就像孔子、孟子。孙武和孙膑，在史书上都可以被称为孙子。而且孙膑的事比较详细，所以很多人都认为古代史书上所说的孙武，其实和孙膑就是一个人。这一下，关于孙武这个人物的生平事迹，就显得更加混乱了。

司马迁在《史记》中，记录了孙武晋见吴王阖闾的故事，尤其着重记录了孙武训练宫女那个事。但是说到孙武为吴国灭楚所立的功劳，只有简单的几句话：“西破强楚，入郢，北威齐晋，显名诸侯，孙子与有力焉。”从这种类似场面话的言语当中，我们也根本看不出孙武究竟立了多大功劳。

司马迁还记载到，孙武的后人孙膑也有一部兵法著作传世，一般称之为《孙膑兵法》。不过在汉朝以后，《孙膑兵法》就失传了，于是很多人干脆就认为，孙武和孙膑就是同一个人，《孙子兵法》就是《孙膑兵法》。孙膑是战国时期齐国的军师，深通谋略。他曾经和庞涓一起从学于鬼谷子。庞涓学成下山，到魏国当了大将，深得魏王信任。后来庞涓听说孙膑在老师那里学了一套《孙子兵法》，论才学已经在自己之上了，就十分忌惮。他先是把孙膑骗到魏国来，佯装要把孙膑引见给魏王。暗地里则向魏王告状，说孙膑暗通齐国，欲对魏国不利。于是魏王大怒之下，就把孙膑的膝盖骨剜了。后来孙膑靠着装疯卖傻，才在齐国使者的帮助之下来到了齐国。在齐国，孙膑得到重用，他与齐将田忌一起策划、指挥了著名的桂陵之战和马陵之战，击败了当时最强大的魏国。孙膑晚年潜心著书立说，除了自己写了一部兵法以外，还将老祖宗孙武的兵书进行了整理。

由于《孙膑兵法》的失传，历代都有人怀疑孙膑其实就是《孙子兵法》的作者，而孙武则是一个虚构的历史人物。近现代的很多大学问家都持这种观点，还写了一大堆考证文章来证明这个事。

较早的详细记录孙武故事的书籍，是汉代的《吴越春秋》。由于汉朝距离春秋时代还不算太遥远，所以我们一般也把这本书当作有一定史料价值的作品。但是严格地说，《吴越春秋》的性质，就相当于《三国演义》《隋唐演义》等历史小说，是一种以历史为依据的文学创作，而不能称为严格意义上的史书。

这样，我们可以看到，在汉代，关于孙武其人的身世事迹，就已经非常混乱了。孙武到底是什么来历，他都有过哪些辉煌战绩，已经没有人能说清楚了。司马迁为写《史记》，走南闯北，收集了非常多的材料，可是写到孙武的时候，仍然谨慎地下笔，没有描述孙武的战绩，只是确定《孙子兵法》十三篇都是孙武所作。对于孙武的出身，也只是说来自齐国。

可是到了后来，关于孙武的各种传说越来越热闹。先是东汉史书《汉书》中，对《孙子兵法》篇幅的记载变成了八十二篇，比《史记》中说的十三篇扩大了好几倍，以致这个矛盾到现在都是一个公案。当代还真有人宣称过发现了所谓的“《孙子兵法》八十二篇”，不过据说不怎么靠谱。

再往后，稀奇古怪的事情就更多了。《史记》当中都没有记载孙武的爸爸是谁，可是到了《新唐书》那里，把孙武的爷爷都找出来了。按照《新唐书》的说法，孙武的爷爷叫孙书，来源于齐国的贵族田氏。后来齐国发生内乱，为了避难，孙家就离开齐国，跑到吴国发展了。

《新唐书》是宋代人编写的，距离孙武那个年代已经过了1000多年。汉朝人司马迁都没有说清楚的事情，宋朝人却能说清楚，这还真是怪事。可是好不容易有一本正经的史书记录了孙武的家世，很多人就如获至宝，把这个记载当成孙武的档案，编了一大堆孙武的成长史出来。殊不知，并不是史书上记录的东西就都可靠。

既然家世与生平都难以确定，那么关于孙子的故里在哪儿，也自然不能确定。所以我们也看到，很多地方都在争孙子故里之名号，口水仗打得不可开交，都是公说公有理，婆说婆有理。

可以说，孙武的身上谜团一大堆：家世之谜、成长环境之谜、生平事迹之谜、故里之谜、著作是十三篇还是八十二篇之谜、和孙膑的关系之谜，等等。这些问题，在当代经过众多学者的考证研究，有很多也依然不能确定。

看来，要想从传世的文献史料上寻找孙武的详细生平，是非常困难了。难道我们就只能靠一些传说故事来了解这位兵圣了吗？

三　汉简出土

就在大家因为资料不足而对孙武的事迹各说各理的时候，考古上的新发现，使问题出现了转机。

公元1972年，在山东临沂银雀山，发现了一处汉代早期墓葬。经过专家鉴定，其年代大概为汉文帝、汉景帝时期，也就是说，比司马迁生活的那个时代还要更早一些。墓主人的身份无法确定，但是墓中出土了很多兵书的残简，不知这个墓主人是否和军队有关。在这些兵书残简中，就有《孙子兵法》。

汉简中称《孙子兵法》为“吴孙子”，说明这个书的作者是春秋吴国的孙武。而且在一枚汉简上还明确写着“十三扁（篇）”的字样，可见《孙子兵法》的底本就是十三篇。

另外，同时出土的还有一部失传兵法，称为“齐孙子”。齐孙子就是孙膑，孙膑在战国时期是齐国的军师。那么这部“齐孙子”，就应该是失传已久的《孙膑兵法》。《孙子兵法》与《孙膑兵法》同时出土，至少解决了这样一个问题：历史之上，孙武与孙膑是两个人，各有兵法著作，而且孙武在前，孙膑在后。

而且，汉简本《孙子兵法》中的某些语句，与现在我们看到的本子有些微区别，汉简本的这些区别，更能体现出春秋的时代特点。

在这十三篇之外，还出土了一些与孙子有关的篇章，这些并不属于《孙子兵法》十三篇的内容，却也打着孙武的名号。联系到《汉书》中所说的《孙子兵法》八十二篇，那这些篇章，就极有可能是所谓的“八十二篇”中的内容。这些本不是孙武的原创，而是后人在读了孙武的书之后，或是有感而发，或是记录孙武的言行，或是借古人之名来阐述自己思想的作品。这种情况其实在古代典籍中非常常见，《墨子》书中的篇章，肯定不全是墨子自己写的，《孟子》中的篇章也不一定都是孟子自己作的。

而且我们前面的故事中也说了，汉代人特别喜欢给古书中添佐料，而且还不注明是后来添加的。这种“以假乱真”的事情做多了，就导致古书的篇幅越来越大。在西汉初年，司马迁还知道原版的《孙子兵法》只有十三篇，而到了东汉时期，班固在《汉书》中，就已经不加分别地把所有挂着孙武名号的东西都算作《孙子兵法》，一部十三篇的著作，也就扩充成了八十二篇。

但是那些后人加入的佐料，毕竟水准参差不齐，而且也没有什么逻辑体系可言。总体的水平，根本比不了十三篇的原始版本。所以汉末三国的著名军事家曹操，在整理注释《孙子兵法》时，删繁就简，把那些无关紧要又无甚价值的篇章去除，还《孙子兵法》十三篇的本来面貌。这就构成了我们今天看到的《孙子兵法》的基础版本。

其实，一本书能够经过漫漫历史长河留传到现在，那肯定是一本很有价值的好书。所谓的《孙子兵法》“八十二篇”没有留传下来，最主要的原因还是水平问题。同样地，从汉简《孙膑兵法》来看，其军事价值、历史价值甚至文学价值，都远远比不了《孙子兵法》，也难怪这本书后来会失传。

借助汉简，《孙子兵法》和《孙膑兵法》之间的混乱关系，已经可以厘清了。可是这仍然不足以说明孙武的活动年代。

幸运的是，在汉简中那些有关孙子的篇章中，有一篇描述孙武与吴王阖闾的对话。其中吴王阖闾问到孙武，当时晋国掌权的六卿（指的是范氏、中行氏、智氏、魏氏、韩氏、赵氏这六大家族，当时晋国的国君已经没有什么实权，政治权力都在这六大家族手中）谁先灭亡，而谁又能坚持到最后占有整个晋国。当时孙武的分析是，范氏和中行氏先灭亡，其次是智氏，再次是魏氏和韩氏，最后赵氏会成为晋国的主宰。

孙武是依据什么来做的这种分析，我们暂时先不必管它。只从孙武的预测和后来历史发展脉络的对比中，我们就能看出一些端倪来。

孙武预测范氏和中行氏先灭亡，智氏其次，这个与历史演进的脉络是一致的。我们当然可以说是孙武真的预测对了，但是也可以认为是有人看到了范氏、中行氏和智氏的灭亡之后，才写了这样一篇文章，并把这个预测家的荣誉加在孙武身上。

而后面的预测，就不符合历史了。我们知道，在春秋末战国初的时候，魏氏、韩氏、赵氏三家平分了晋国，成为魏、韩、赵这三个诸侯国，这就是“三家分晋”。晋国最后并没有归赵氏一家占有，孙武的预测失败了。这说明，这篇文章的作者，同样也没有看到三家分晋那一天。如果他知道了三家分晋的历史事实，那没有理由在文章中故意写错。记录孙武和吴王阖闾对答的这个人，明显是要凸显孙武的才干，甚至这个人极有可能是孙氏的后人或者孙武的弟子。因此，只有一种可能，就是这篇吴王问孙武的文章，其作者的生活年代肯定在三家分晋以前。那么孙武的生活年代，以及《孙子兵法》的写作年代，当然也是在此之前的春秋末年。

总之，银雀山汉简《孙子兵法》的出土，对于解决孙武的种种谜团，起到了很大作用。但是，关于孙武的出身、功绩以及最后的归宿问题，仍然无法解决。

四　还原孙武

虽然银雀山汉简出土之后，仍然有不少人在怀疑孙武其人是否存在、《孙子兵法》是否真的是春秋末年的作品等等，但是总的来说，这些怀疑的声音已经逐渐减弱了。但是还有一个问题是无论如何也绕不开的，那就是：既然孙武是能写出《孙子兵法》的古代世界第一的军事家，为什么在《左传》《国语》等史书中却见不到他的名字？而且《史记》中对他的记载也十分简略，我们到现在也不知道兵圣孙武究竟打过哪些胜仗。

的确，如果孙武真的像传说中那样是一位无所不能的军事天才的话，那么至少在先秦的史书中能看到他的一些真实事迹，可是我们看到的，往往只是一些对孙武的单纯的赞美，却不知到底有什么依据值得这样赞美。

说到这里，我们不妨转变一下思路。

春秋末年，有一个军事家名叫孙武，这个孙武祖籍齐国，但是在吴国任职，为吴王阖闾服务。这个孙武还写了一部伟大的军事著作《孙子兵法》。这些都是我们可以确定的基本史实。

但是孙武在吴国灭楚的战争中，到底扮演了一个什么角色，这就值得我们探讨了。如果孙武真的指挥过很多惊天地泣鬼神的重大战役，那么史书中当然不可能不加以记载。既然史书无载，那我们可以说，孙武在吴楚战争中的作用，恐怕并没有我们想得那么大。

吴国灭楚战争的主要领导者，是吴王阖闾和伍子胥，而孙武，大概只是吴王阖闾的一个军师，甚至只是以伍子胥个人僚属的身份参加了灭楚战役。他可能给吴国君臣提出了很多切实可行的建议，但是真正的战略决策，与孙武无关。也就是说，孙武的身份，也就是一个军事顾问。

当然，从孙武给吴王阖闾训练宫女这个故事来看，孙武很可能把主要的精力都放在日常的军队训练上，为吴国打造了一支人数虽少，但是战斗力强劲的军队。吴国能凭借区区几万人的兵力就击败威震中原的强大楚国，与军队战斗力的强悍不无关系。

在战场上，孙武可能没有很高的地位，也不具备独立指挥一支大部队作战的权力。史书中没有记载孙武的战绩，那是因为孙武根本就没打过什么胜仗。

我们总是有一种印象，认为孙武能写出那么出色的一本兵书，那么孙武本人也一定是一个战功赫赫的名将，其实这是一种误解。在某一方面拥有优秀理论造诣的人，在实践方面未必出色。一个物理学家，可能懂得所有复杂的力学原理，但是不一定能制造出简单的机械；音乐学院的教授难道就一定是舞台上深受欢迎的歌唱家？同样的道理，孙武能写出千古名著《孙子兵法》，这说明他是一名优秀的军事理论家，但是并不能说明他就是一个在战场上纵横驰骋的名将。反过来说，历史上很多名将则未必能写出好的兵法，比如汉朝抗击匈奴的名将霍去病，一生数次出击匈奴，从无败绩，打得匈奴心惊胆战，但是没听说霍去病写过什么兵法。

其实这个道理本不难理解，但是人们深受各种历史小说、文学作品的影响，倾向于对某些人物进行完美化的想象。历史上的很多谋臣，都被描绘成战场上能运筹帷幄、战场下能治国安民、平时琴棋书画无所不通、关键时刻还能呼风唤雨的人物。其实，真正优秀的人才，往往是专注于某一个方面的，一些优秀的帝王，用人也是各用所长，比如汉高祖刘邦，身边带着张良出谋划策，用韩信在外面带兵独当一面，大后方则交给萧何管理，保证后勤。这才是真正的用人之道。

一个社会中，无论哪个领域，都既需要搞理论的，也需要搞实践的，在军事领域也是如此。为什么我们要建立大大小小的军校和军事科学院？其实就是为了进行军事理论的研究，并能用这种理论来指导实践。

非常有意思的是，西方世界最著名的军事理论著作《战争论》，其作者克劳塞维茨也不是什么了不起的名将。具有讽刺意味的是，这位先生反而是当过俘虏的，被人家释放之后才回来写书。这就进一步证明，理论家和实践家，还是不能够等同的。

这样，我们就可以还原一下“兵圣”孙武的形象了：孙武是春秋末年的一个优秀军事理论家，《孙子兵法》的作者。在吴国灭楚战争中起到了一定的作用，但是并不是什么决定性的人物。孙武的家世、籍贯以及归宿，等等，史书记载不详，这是因为孙武本人也并不是历史上表现得很突出的人物。虽然孙武并没有打过什么胜仗，但是他的主要成就体现在《孙子兵法》上，而不是体现在战场之上。凭一部《孙子兵法》，孙武足以在中国乃至全世界的军事史上写下浓墨重彩的一笔。

纵横恩怨说苏秦

说起头悬梁、锥刺股的故事，恐怕大家都是耳熟能详。尤其是很多老师家长，总是用这个故事教育小朋友们要学习古人的精神，认真读书，好好学习，准备将来做成一番事业。这个故事的主角之一，就是战国时期著名的纵横家苏秦。

所谓的纵横家，指的是战国时期的一批舌辩之士。他们游走于诸侯列国之间，以出众的口才博得诸侯国君们的信任，影响着当时的列国局势。这些舌辩之士看似只有一些外交才能，但是他们的游说，有时可以让一个大国损失惨重，有时又可以帮助一个小国起死回生，所以无论是当时还是后世，任何人都不敢小觑他们的能量。他们的很多经典的游说案例，也常常被当代外交家们借鉴和学习。

战国中期，在陕西关中地区立国的秦国经历了商鞅变法，国力大大增强，俨然有凌驾于天下之势。秦国的强势引起了东方列国的恐惧，为了对抗强秦，有人就建议东方的诸侯国应该联合起来，发挥集体的力量来对抗秦国。受秦国威胁比较大的诸侯国，从北到南依次是燕国、赵国、魏国、韩国、楚国。这五个诸侯国从南到北，在地图上看好像一条纵线，所以它们之间的联合就被称为“合纵”。

而秦国国势虽强，但是仍不足以一国对抗天下，面对东方诸侯的合纵，秦国只能想办法去拆散它们，利用秦国的强势，使这些诸侯单独和秦国结盟。这样从地理上看，相对于合纵，就形成了一种横向联合，所以称为“连横”。

古人对于合纵、连横，有着精辟的概括。合纵就是“合众弱以攻一强”，而连横则是“事一强以攻众弱”。合纵是弱国团结起来抵御强国，连横就是弱国跟在强国后面攻击别的国家，寄希望于从强国手里揩点油。由于在战国中期之时，东方的齐国也十分强盛，国力一度与秦国不相上下，所以早期的合纵有时也针对齐国，而连横也可以指与齐国的联合。到了战国后期，秦国一家独大，合纵的主要目标就变成秦国了。

苏秦就是一个主张合纵的纵横家，而与他同名的一个主张连横的纵横家，则是张仪。这两个人一纵一横，他们之间的恩恩怨怨，流传了2000多年，至今仍为人们津津乐道。

一 外交家苏秦

苏秦是战国时期的东周洛阳人，年轻的时候就很好学，但是有些浮躁。他四处拜访名师，学了一些本领，就想去游说诸侯。

可是年轻的苏秦把游说这个事想得太简单了。他以为以自己的一身本领，到了哪个诸侯国都能混上个一官半职。可是列国诸侯的国君也不是傻子，苏秦到很多国家去应聘，人家一眼就看出这个年轻人言过其实、志大才疏，所以没有人想要重用他。

苏秦转了一大圈，一事无成，心里非常懊恼。没有办法，只好回到自己家中，从长计议。

当年苏秦外出游学时，立下豪言壮语。回来的时候却灰头土脸的，浪费了家里不少钱财不说，还差点混成要饭的。所以家人对苏秦都很气恼。苏秦回来后，他的妻子不理他，兄嫂对他也是冷嘲热讽，不以礼相待。甚至苏秦的父母都假装没这么一个儿子，根本就不和苏秦说话。

苏秦这个郁闷哪，他仔细检讨了一下自己，发现虽然自己书读了一些，但是没有能够领略其中的精髓。要想能够出人头地，就必须仔细钻研，丰富自己的学问。于是苏秦下了狠心，把自己关在房间里不出来，每天都发愤读书。

苏秦白天刻苦攻读，晚上也舍不得休息。可是人不睡觉会困的，苏秦也不例外。晚上看书，看着看着，不自觉地就打起了瞌睡。苏秦为了让自己清醒，想尽了办法，可是都不管用。苏秦也是一个很有决心的人，他为了不让自己打瞌睡，干脆拿起一把锥子，猛刺自己的大腿。这样靠着钻心的疼痛，苏秦终于能够清醒过来，继续读书。

经过多年苦读，苏秦觉得自己已经学有所成，于是就再次出去游说。他先是来见东周的周显王。此时的周显王虽然还是名义上的天子，但是天下诸侯谁也不拿他当回事。周显王身边的人也听说过苏秦，觉得这个夸夸其谈的人没什么真本事。这样，苏秦在周显王那里没有得到任用。

然后苏秦又来到秦国，在秦国发表了一通长篇大论。可是秦国的国君秦惠文王此时正在排斥这些外来的游说之士，所以也没有任用苏秦。

苏秦又跑到了赵国，向掌权的奉阳君陈说合纵之道，也没有得到赏识。然后苏秦又来到燕国，这一次苏秦不再走霉运了，他得到燕文侯的赞赏，又受燕文侯所托，出使赵国。

此时赵国的奉阳君已经去世，赵肃侯很认可苏秦的合纵建议，同意与燕国结盟，并支持苏秦继续去游说别的诸侯。

这样，苏秦就以赵国为基地，开始了合纵抗秦的事业。他先后游说了韩、魏、齐、楚等国，都取得了不错的成果。大家为了抗击共同的敌人秦国，终于联合到了一起，合纵之势已成。

因为苏秦是六国合纵的主要发起者，所以六个诸侯都推举苏秦为“纵约长”，也就是盟主。同时，苏秦还兼任六国的共同宰相，佩带六国相印。

苏秦完成了联合诸侯的初步目标，就从楚国北上，回赵国复命。路上经过自己的老家洛阳，当时列国诸侯都派来军队护送苏秦，场面大得不得了。周显王看这情形，也深感畏惧，于是就派人夹道迎接。

苏秦的亲戚们也都在路边迎接苏秦。看到苏秦过来了，苏秦的哥哥嫂子低头跪在地上，大气都不敢出。苏秦笑着问嫂子：“当年在家的时候，你们都不正眼看我一下，现在怎么这么恭敬呢？”

嫂子小心地回答：“因为您现在身居高位，荣华富贵是我们想都不敢想的。”

苏秦感叹道：“要是我当年在洛阳有几块膏田，今天又怎能佩带六国相印？”

苏秦回到赵国以后，就派人把纵约书投递到秦国，向秦国宣布六国已经结盟。秦国大为恐惧，十五年的时间不敢出兵攻打其他诸侯。

到了这个分儿上，苏秦可称功成名就，真可谓“一怒而天下惧，安居而天下息”。不过苏秦这个人的自律不是很好，也没有什么高尚的道德情操，往往口惠而实不至，不怎么讲信用。再加上六个诸侯国之间利益各不相同，矛盾错综复杂，所以这个合纵也没有维持很久。随着列国之间互相攻伐，盟约也就名存实亡了。

苏秦在赵国待不下去，就跑到了燕国。

此时燕国是燕易王在位，想要借重苏秦的力量，就重用苏秦，并对他说：“齐国趁着我们先君去世之际，占领了我们十座城池。您身为纵约长，这个事不能不管。”

苏秦说：“那我就出使齐国，把十座城要回来。”

苏秦到了齐国，用燕国与秦国有姻亲关系这个事来吓唬齐国，还真把十座城要回来了。可是回到燕国之后，苏秦又管不住自己，招惹了不少人的怨恨。苏秦知道自己留在燕国恐怕早晚也要被人猜忌，就自告奋勇去齐国当卧底，以削弱齐国。齐国是当时的强国，一直对燕国虎视眈眈。燕易王当然批准了苏秦的请求。

于是苏秦假装得罪燕王，逃到齐国，得到了重用。齐国的齐湣王即位，苏秦利用齐湣王好大喜功的特点，总是鼓励齐湣王对外展示武力，以消耗齐国的国力。当时齐国西边有一个比较大的诸侯国宋国，齐湣王早就想吞并宋国，但是又怕其他诸侯干涉。苏秦就鼓动齐湣王屡次出兵攻宋，终于灭亡了宋国，但是齐国也因此引起了其他诸侯国的忌恨。

此时，苏秦已经深得齐湣王信任，齐国的大臣们觉得不服气，不甘心位居苏秦之下，就派人刺杀苏秦。苏秦被刺杀之后，身受重伤，却没有马上死。刺客已经逃跑，齐滑王打算在全国范围内进行大搜捕，苏秦却拦住齐滑王，用生前的最后一点力气对齐滑王说："我马上就要死了。如果大王真想为我报仇，那就在我死之后，把我的尸体公开车裂（一种酷刑，将人的四肢和头分别拴在五辆马车或者牛车后面，然后打马飞驰，把身体扯碎，也称五马分尸。古时一般是车裂死尸，不过后来据说也用来车裂活人），并宣布：苏秦是燕国派来的卧底，现在已经伏诛。刺杀苏秦的人非但没罪，反而有功。这样凶手就会自己露面了。"

齐滑王依计照办，果然抓住了杀害苏秦的凶手。

苏秦死后不久，耀武扬威的齐滑王终于招来了诸侯的怨恨，齐国最终被燕国率领的诸侯联军打得几乎灭国。苏秦这个卧底虽然死了，但是当得还是非常成功。

这就是我们经常看到的史书中苏秦的生平故事。

二　与张仪的恩怨

说到苏秦，就不能不说说另外一个纵横家，那就是张仪。张仪与苏秦齐名，也是当时有名的舌辩之士。不同的是，张仪的政治主张与苏秦完全相左，苏秦搞合纵，张仪搞连横。两个人一横一纵，把战国局势折腾得纷繁复杂。

按照传统的说法，张仪是魏国人，与苏秦是同学，但是出道比苏秦要晚一些。据说苏秦在上学时就自认为学业比不了张仪，不过苏秦出道之后，佩带六国相印，风光一时，一直是张仪倾心学习的榜样。

张仪出师之后，也学着苏秦开始游说诸侯。他到了楚国，当了楚国宰相的门客。有一天，楚国的宰相丢了一块宝玉，就在门客中调查。有人进谗言说：“张仪平时最为贫穷，宝玉一定是被他偷去了。”

宰相大怒，就命人拷打张仪。张仪本来没有偷东西，所以当然不服。打了半天，张仪都昏死过去了，宰相见也问不出个所以然，最后就把张仪给放了。

张仪被抬回到家中，妻子见其遍体鳞伤，非常心疼，就埋怨道：“你要是老老实实当个老百姓，别去游说诸侯，就不会遭这个罪了！”

张仪却问妻子：“你看我舌头还在吗？”

听他这么问，妻子也不知是该生气还是该笑，就说：“还在你嘴里呢。”

张仪不在乎地说：“只要舌头还在，就足够了。”

张仪碰了钉子，想起自己的同学苏秦此时已经佩带六国相印，正在赵国过着富贵日子，不禁感慨，大家同窗学习，现在的处境一个天上一个地下，这做人的差距怎么这么大呢？

此时的苏秦虽然名为纵约长，但是他也知道诸侯的联盟并不巩固，假如秦国出兵，恐怕诸侯们没有几个能遵守盟约。他需要有一个人能出使秦国，想方设法打消秦国出兵东进的念头。思来想去，苏秦想起了自己的同学张仪。

于是，就在张仪穷困潦倒的时候，有人建议他说：“您的同学苏秦素来敬佩您的才学，现在苏秦身在赵国，为诸侯纵约长，很有权势。您何不投奔苏秦，请他提携一下？”

张仪觉得此言在理，于是就离家前往赵国，求见老朋友苏秦。

谁想张仪的热脸贴了冷屁股，根本就进不了苏秦的大门。好不容易让下人把自己的来意传达给苏秦，苏秦也以公务繁忙为由不接见张仪。张仪自觉无趣，想要一走了之，可是苏秦派去的人又把他看得紧紧的，说什么纵约长见过你之前，不许随便离开。张仪在赵国进退不得，很是尴尬。

苏秦终于有时间见张仪了，可是两人见面之后，没有老同学的寒暄。苏秦高高在上，根本不正眼看张仪。张仪只好坐在堂下，闷闷不乐。吃饭的时候，苏秦自己大鱼大肉地吃着，却只给张仪吃那些底下仆人们吃的食物。一边吃，还一边嘲笑张仪。张仪终于忍受不了这种嘲弄，勉强向苏秦告辞，离开赵国。

对于苏秦的薄情寡义，张仪耿耿于怀。他一心想着将来向苏秦报仇，就寻思只有秦国能够出兵攻赵，于是决定去秦国碰碰运气。

可是张仪身无分文，实在是没办法去秦国。这个时候，有一个人站出来帮助张仪，跟随张仪一起去秦国。这个人担负起张仪所有的路上开销，帮助张仪到了秦国。

张仪以自己的舌辩之才，说服了秦惠文王。秦惠文王任用张仪为客卿，筹划攻打东方六国。

这个时候，那个一直跟随张仪的人，却向张仪辞行。张仪不解地说：“我能从赵国一路赶到秦国，全都是靠了您的帮助。没有您，我恐怕早就饿死在路上了。现在我得到秦王重用，正准备与您共享富贵，您怎么要走呢？”

那个人就说：“其实我是苏秦大人的门客，我所做的一切都是苏秦大人安排的。苏君说，他需要有一个人到秦国去掌握权柄，以便阻止秦国攻赵，而张仪就是最好的人选。可是张仪是贤士，才能卓著，如果不加以刺激，恐怕难以成就大事。所以苏君在赵国的时候才会故意慢待您，以激励您的斗志。现在您既然得到秦王的信任，那么我的工作也已经完成了，所以要回去复命。”

张仪听完这话，感叹道：“我一直都在苏秦的计划当中，自己却一点也没有察觉，我比苏秦实在是差得太远了。您回去告诉苏君，有他苏秦在，我怎么也不敢攻打赵国。”

后来，张仪果然当了秦国的相国，掌握了大权。可是苏秦在赵国的那些日子里，张仪还真的不敢出兵攻打赵国，这才成就了苏秦身为纵约长，秦国 15 年不敢举兵东向的威名。

三　疑团

苏秦和张仪的故事，在《史记》中记载得绘声绘色。而《史记》中的相关记载，又取材于《战国策》。《战国策》是西汉人根据战国游说之士们流传下来的说词编订而成的，曾经长期以来被看作研究战国史的主要资料。关于苏秦和张仪这两个人一纵一横、左右天下局势的故事，也都来源于《战国策》。

不过看来看去，总是有些事情让人难以理解。张仪的生平年代，各种史料的记载没有太大出入，所以我们大概能够把它理顺，可是在苏秦那里，就有很多事情解释不清楚了。

张仪出生于何年，已经不可考证。不过我们知道，张仪主要活动于秦惠文王时代。秦惠文王于公元前 337 年即位，刚即位时还没有称王，后来在公元前 325 年称王。张仪就是在秦惠文王称王之前的公元前 329 年来到秦国的。

秦国以前没有丞相，张仪到秦国的第二年，秦国就设置丞相职位，称相国或相邦。深受秦惠文王信任的张仪，很幸运地成为秦国的第一任相国。

张仪掌政之后，还是从自己的老本行出发，通过外交途径，为秦国谋取利益。他利用自己身为魏国人的优势，想办法把魏国拉到秦国的战车之上，实现了连横，这样，秦国就压制住了东边的主要对手魏国。韩国国小人少，在秦国面前只能谋求自保。赵国则发展缓慢，暂时难以成为秦国的威胁。燕国地处北方偏远地区，影响力有限，与秦国也没有什么利害冲突。齐国虽然国力强盛，但是地处最东方，与秦国也少有冲突。这样看来，秦国当时最主要的对手是南方的楚国。

楚国在春秋时就是大国，幅员辽阔，人口众多。当时合纵各国，都以楚国为自己最大的依靠，所以当时有“横成则秦帝，纵成则楚王”的说法，也就是说连横成功则秦国就可能称帝统一天下，而合纵成功楚国就有可能像周天子那样成为天下诸侯的共主。所以，打击和削弱楚国，对于当时的秦国来说是最重要的事情。

楚国也认识到自己的有利条件，于是游走于秦、齐这东、西两强之间，发挥着自己“最强第三方势力”的作用，维持着列国形势的平衡。为了扭转这种局面，恶化楚国的战略环境，削弱楚国国力，张仪就利用自己的舌辩之才，屡次出使楚国，欺骗楚王，让他跟齐国翻脸。

张仪欺楚，也是一个非常有名的故事，其中的很多角色，在当代都很有人气。比如昏庸的楚怀王、爱国却不得志的大诗人屈原、奸臣靳尚、狠辣的美女郑袖，等等。当时张仪出使楚国，向楚怀王保证，如果楚国与齐国断交，那么秦国就赠送给楚国肥沃的土地六百里。贪婪的楚怀王答应了，可是屈原看出，这对楚国的国家战略十分危险，就劝楚怀王不要受骗。可是在一帮奸臣的陷害之下，楚怀王不听屈原的良言，真的和齐国断交了。可是当楚怀王派人去秦国接收土地时，张仪却装傻充愣，说："我当初答应大王的是六里土地，不是六百里，您听错了。"

楚怀王怒不可遏，决定派兵攻打秦国。屈原又苦劝楚怀王，说楚国国力本不如秦国，现在又失去了齐国这个盟友，后方也不安稳，还是算了吧。可是楚怀王不听，结果被秦军打得大败，齐国也趁机攻打楚国，楚国不得不割地求和。

秦国此时也没有灭楚的实力，就决定趁机和楚国结盟，双方互换土地。楚怀王恨透了张仪，居然决定不要秦国的土地，只要秦王把张仪交给他，他就把楚国土地奉送。于是张仪又被送到了楚国。

张仪买通了楚王的宠臣，最终楚怀王居然没有杀张仪，反而没心没肺地又开始受张仪的蛊惑了。当时楚怀王本已痛定思痛，重新与齐国修好，可是张仪硬是把这个事给搅黄了，以致楚国又遭到了齐国的打击，国力损失很大。

后来张仪离开楚国，又到其他诸侯国去游说，破坏了诸侯国之间的合纵。张仪在秦国从事连横直到秦惠文王去世，秦武王即位。因秦武王一直不喜欢张仪，张仪被迫离开秦国，结束了自己的政治生涯，并在公元前 309 年去世。

按照《史记》中的说法，在张仪去世之前，苏秦就已经死了。张仪死于秦武王二年，公元前309年。而《史记》中又说，苏秦是被燕国派到齐国去当间谍，迷惑齐滑王的。可是齐滑王是公元前301年才即位的。也就是说，张仪去世时，齐滑王还没当上齐王。这样矛盾就出来了。

正因为《史记》中关于苏秦、张仪的记载比较混乱，所以很早就有人认为这些记载不可靠，不是张仪的活动时间出了问题，就是苏秦的活动时间出了问题。

再看一下这一时期的列国君主。张仪主要活动于秦惠文王时期，秦惠文王死后不久他也去世了。而与秦惠文王差不多同时期的君主，齐国是齐威王和齐宣王，楚国是楚怀王，燕国是燕易王和燕王哙。而苏秦故事中的燕昭王以及齐滑王，都要在这个时期以后了。

《史记》中记载苏秦在张仪之前去世，而且苏秦去世时秦国国君还是秦惠文王，这就有趣了。既然苏秦早在秦惠文王时就已经去世了，那么去齐国当间谍迷惑齐滑王（此时秦国已经是秦惠文王的儿子秦昭王当国君了）的那个苏秦又是谁呢？难道死而复生了？

更有意思的是，苏秦早期游说诸侯、组织合纵的事迹，无论是在时间上还是在细节上，都与另一个合纵家公孙衍非常相似。

这样看来，《史记》中关于张仪的记载问题不是很大，但是关于苏秦的记载矛盾重重，十分混乱。

四　考古资料来解谜

《史记》和《战国策》对于苏秦的记载过于混乱，有很多解释不了的谜团，千百年来人们众说纷纭，也难以找到一个可信的解释。终于，随着现代考古发掘的进展，这个谜题被解开了。

公元1972年，考古工作者在湖南长沙马王堆发现了一批汉代早期墓葬。墓葬的主人是汉初的长沙国丞相利仓，在地方上也算是一个大官僚。千年不腐的马王堆女尸，也是在这个墓葬群中出土的，并成为闻名全国的奇异现象。

当然，在随葬品中更具有历史价值的是一些久已失传的古代书籍。这些书籍，有些写在竹简上，有些则写在丝织品上。写在丝织品上的，统称为马王堆帛书。

在马王堆帛书中，有一部失传的书籍，题材类似《战国策》，记载了战国时期策士们游说诸侯的言辞。这部书，被学者们命名为《战国纵横家书》。《战国纵横家书》中，记载了很多苏秦的事迹。而这些事迹的年代，基本都在燕国的燕王哙和燕昭王时，也就是齐国的齐湣王时。而苏秦也确实因当间谍而死在齐国，死时大约为公元前284年，此时张仪已经死了20多年了。

这样，以出土文物结合其他先秦史料进行对比研究，就可以确定，《史记》中记载的苏秦后期在齐国当间谍的事迹，是基本可信的。而苏秦组织六国合纵、佩带六国相印、激励张仪入秦等事迹，则是大有问题的。

其实，苏秦在战国纵横家中，只能算是小字辈。他的活动年代比张仪要晚，更不可能激励和资助张仪入秦。在张仪那个时代，和张仪一横一纵站在对立面的，是魏国人公孙衍。

这个公孙衍也是个能人，他最早来到秦国，在秦国担任大良造的官职。秦国当时还没有设立相国职位，大良造主管全国政务，已经相当于相国了。公孙衍还为秦国四处征战，立下过很多战功。

但是不久，张仪也来到了秦国，得到了秦惠文王的信任，并担任了相国。公孙衍与张仪不和，受到排挤，只好离开秦国，回到老家魏国。

在魏国，公孙衍号称犀首，誓与秦国为敌，针对张仪的连横，提出集各国之力合纵抗秦。公孙衍的合纵也取得了很大成果，组织了很多次合纵攻秦的行动，而且也曾经身佩五国相印。虽然公孙衍的合纵多以失败告终，但是他确实称得上是早期合纵运动的代表人物。《史记》中苏秦的很多事迹，其实就是公孙衍的事迹。至于那句“一怒而诸侯惧，安居而天下息”，最早说的也是张仪和公孙衍，后来才被人误解成苏秦。从这个角度上看，历史对公孙衍还真是不公平。

那么，为什么汉人会把公孙衍的事迹安在苏秦身上呢？

首先，就是史料的缺失造成的混乱。战国时期，各国都有自己的史书。可是在秦国统一之后，焚书坑儒，各国史书在焚烧禁绝之列，以致造成史料记载的断档。虽说焚书未必能烧尽所有史书，但是留下的毕竟只是只言片语，不成系统。而且，各国记载各自的历史，在很多事件上本就容易出现差异，如果史书都能正常留传，那么还可以比照辨析，可是如果只剩下只言片语，则只能造成误解和混乱了。不独是苏秦，战国的很多事件，长期以来人们都不甚明了，就是因为资料的不足。

其次，则是公孙衍组织合纵多年，却少有胜迹，很难成为策士们宣传的偶像。而苏秦在齐国的间谍活动确实取得了很大成功，虽然身死，但是事业上绝对值得后人崇拜。这样，苏秦的名声就大过了公孙衍，再加上苏秦也算是合纵阵营中人，所以在口耳相传之中，苏秦就成为所有合纵活动的代言人了。

再者，就是前面所说过的汉代人喜欢借助古人名号事迹来反映自己思想的一种习惯。司马迁在写作《史记》时，也明显有这种倾向。研究《史记》的学者们，多数都赞成司马迁在写作时是带有自己的思想感情倾向的，其史料的选取、内容的编排，很多都带有一些随意性。司马迁自己也比较喜欢有传奇色彩的故事，所以他写的《苏秦列传》情节丰富、故事详尽，收罗了所有关于苏秦的传说故事，但是免不了记载的混乱和矛盾。

由于苏秦的事迹已经过当代学术界的详细考证，所以在比较权威的历史书籍中，都已经不再沿用《史记》的说法。历史上的苏秦，活动于燕昭王、齐湣王的时代。苏秦可能未必算得上是一个正式的合纵家，因为我们找不到苏秦主张抗秦的可靠证据。关于苏秦在齐国当间谍的故事，不仅可以在《史记》《战国策》《战国纵横家书》中找到，在先秦诸子的著作中，也能经常看到这样的相关记载，所以苏秦在齐国当间谍并且死于齐国，应该是确凿无疑的。而所谓的苏秦组织六国抗秦、与张仪的交往等事迹，则是后人附会。苏秦合纵六国的事，多移植于公孙衍。而张仪，则是苏秦的老前辈了。他不仅没有得到过苏秦的帮助，甚至极有可能根本不认识苏秦。然而，误解已经形成2000多年，至今苏秦和张仪的传说还在民间广为流传。对于这些传说，我们恐怕也不能只是简单地从史实角度加以驳斥，而是要关注传说背后的精神价值。

焚书坑儒需商量

公元前 221 年，经历了五百多年分裂混乱的春秋战国时代，终于走向了终结。在西部边陲地区的秦国，经历了几代人的励精图治，最终完成了灭六国、统一天下的伟业。这一年，东方最后一个诸侯国——齐国，也向秦国大军投降。秦王嬴政成为天下间唯一的统治者，称皇帝，也就是威名赫赫的秦始皇。

借着一统天下的余威，秦始皇颁布了一系列的命令，来巩固这个强大的统一帝国。他在全国设立郡县，建立起中央对地方的直接领导；出兵攻打匈奴和百越；在北方边境修筑长城；统一了文字、货币和度量衡。这些政策，虽说也会给百姓带来沉重的负担，可毕竟也是有利有弊，即使是批评者，也会承认它们在历史上起到了正面作用。不过秦始皇干的另一件事情，则给他留下了千载骂名，人们几乎无一例外地咒骂秦始皇的残暴和丧心病狂，一直到今天也没有停止。这件事情，就是历史上著名的“焚书坑儒”。

这焚书坑儒到底是一件什么事，使秦始皇挨了这么多的骂？

一　焚书坑儒的始末

公元前213年，志得意满的秦始皇在皇宫内举行宴会，以庆祝自己的生日。宴会之上，有个叫周青臣的人站出来给皇帝敬酒，顺便拍皇帝的马屁，说秦始皇灭六国统一天下，是天大的功劳，尤其是在原来诸侯的土地上设置郡县，避免了分封诸侯所带来的割据混乱，这是功在千秋的德政。

这些话，秦始皇听着非常舒服，可是博士官（秦汉时期的官职，主要负责文化工作，比如研究典籍、筹划各种典礼、教导皇室贵族等等，也可以担任皇帝的顾问，参与政治活动）淳于越不以为然。这个淳于越本是齐国人，战国时期的齐国是东方的文化中心，又与孔子的故乡鲁国相邻，文化氛围浓厚，很多人都推崇儒家讲的那些先王之道。淳于越也是一个儒生，就站出来说："天子分封自己的子弟和有功大臣为诸侯，这是前朝的通例。殷周两朝，靠着分封诸侯，能够维持千年的统治。而如今陛下您不实行分封制，您的子弟手里没兵没地盘，等同于一般老百姓。这要是有人作乱，谁能帮您呢？不学习古代圣王的治国之道，却还想维持长久的统治，这种事我听都没听说过。而周青臣这个家伙，不仅不指出陛下的失误，反而是只知阿谀奉承，不是忠臣。"

淳于越的这些话，也是代表了儒生们的主张。但是秦国的强大，秉承的是商鞅等人的法家思想，秦始皇本人也喜欢法家的统治之术，所以淳于越说这样的话也是冒了很大风险的。不过秦始皇听了以后倒是不置可否，而是命令朝廷上的大臣们一起讨论。

当时秦国的丞相是李斯，他是战国时期儒学大师荀子的学生，按理说也算是儒家的一员。可是荀子本人的政治主张有一些和孔孟之儒不太一样的地方，他注重实用，不太赞成一般儒者动不动就讲复古。荀子还重视社会规则对人的约束作用，而一般的儒者则更强调个人道德修养的约束。荀子的这些特点，使得他教出了两个著名的学生，一个是韩非子，一个是李斯。而这两个人却被后人看作法家代表，都极为推崇法治，主张以严刑峻法统治民众。

李斯站出来说："上古的三皇五帝各有各的统治政策，夏商周三代的政令也不相同，这说明法令政策都是要因实际情况而变化。以前的天子分封诸侯，导致天下战乱不止，现在既然已经统一了，那就不能再实行分封。儒生们平时只知死读书，喜欢用古代圣王的传说来否定当今的制度，这对民众有极大的蛊惑作用，绝对不值得提倡。现在这个统一的时代，百姓应该尽力于农工之事，士子们则应该学习国家的法令，而不是成天念那些古书。我建议，把儒生们喜欢谈论的《诗经》《书经》等典籍，以及战国那些乱七八糟的诸子百家、列国史书什么的，都从民间收集上来，命令各郡县的长官们焚毁。当然那些医药、占卜、种植方面的专业著作，都是有用的，就不要烧了。以后谁再敢公开谈论诗书，就要斩首；再有以古非今的，则全族连坐。如果士子们想要学习法令，那就让他们去和各地的官吏们学习。"

李斯的这一番话，让在座的儒生们都吃了一惊。这样做，等于是要销毁天下的书籍，禁绝天下的学术，儒生们怎能不怕。可是秦始皇听了觉得很对胃口。他觉得李斯说的句句在理，就颁旨执行。于是一场声势浩大的烧书运动就在全国范围展开了，很多古代典籍都惨遭焚毁，无数文人士子敢怒不敢言。

这一场浩劫之后，儒生们都收敛了很多，不再敢谈论诗书。原本以为这样小心翼翼地过日子，就能避免祸患，可是谁想到，只过了一年，另一场更血腥的灾难就降临在儒生们的头上。

秦始皇掌握了前无古人的巨大权力，享受到了一个帝王所能享受的一切，按理说应该是心满意足了。但是自古至今所有的帝王都有一个通病，就是害怕死亡，原因很简单，只有死亡才能无差别地剥夺一个人已经拥有的一切，即便是权倾天下的帝王也不例外。秦始皇是中国历史上对长生不老最痴迷的帝王之一。想想也不难理解，作为一个帝王来说，秦始皇兼并六国、统一天下，建立起前所未有的庞大帝国，几乎征服了他所能知道的一切土地。已经取得了如此辉煌的人生成就，那接下来的目标，除了长生不老，还能有什么呢？

于是，秦始皇就召集了很多装神弄鬼的术士，让他们寻找各种长生不老的药方。真是上有所好，下必甚焉，一时间各种号称有长生不老之术的奇人异士聚集到皇宫之中供职。

秦始皇为了寻找长生不老之术，不惜工本，往往是术士说什么，他就做什么。有的术士告诉他海外有神仙，有各种仙药，会长生之术，秦始皇就派出船队前往寻找。神仙没有找到，不过据说找到了几个岛，就是今天的日本。

派出的一批批船队，大多是有去无回，秦始皇也在怀疑到底海外有没有仙药。术士们倒是每次都有说法来搪塞，可是时间久了，秦始皇也不耐烦了，还真杀了几个术士以儆效尤。不过虽然意识到自己被骗，秦始皇还是继续热衷于长生不老这种不可能的事情。

公元前 212 年，有侯生和卢生这两个术士，又给秦始皇讲得道长生之法。他们说："陛下要想长生，就要避免世间俗务的干扰。所以不能让群臣知道您的行动，不知道您在什么地方。只要避开这些闲杂人等，不死药就能到手了。"

秦始皇听从术士的话，离开都城去外面居住，不让大臣们知道自己在哪。

有一次，秦始皇外出，看到丞相李斯出行，车架前呼后拥，好不气派，很有超越皇家之势。秦始皇很不高兴。不久，再看到李斯出行的时候，发现这次的排场比过去收敛了很多。这肯定是秦始皇身边有人通风报信。秦始皇是禁止有人透露他的行踪的，于是就在内侍当中进行调查，却没有结果。秦始皇一气之下，把当时伺候他的内侍全杀了，这叫有杀错，没放过。

侯生和卢生给秦始皇出的主意，本意也是想让秦始皇不要太看重权力，远离政治，活得淡然一些，谁想却起了反效果。这两个术士就一起商量：皇帝不效法先王，而是以严刑峻法治理天下，杀戮无度，贪恋权势，这样怎么能得到长生？他不能长生，就要杀我们这些术士来解恨，我们早晚得死。与其如此，不如趁现在逃走。于是这两个人就逃离了咸阳。

秦始皇闻知此事，大怒，联想到自己耗费巨资请那些术士们去找仙药，却都没有结果，于是再也控制不住自己的情绪。这两个术士没找到长生不老的仙药，却还出言挖苦秦始皇，秦始皇怎不怒火中烧？他派人调查侯生和卢生的行踪，拷问与这二人有牵连的儒生方士四百多人，也找不到两人的踪迹。秦始皇按照自己一贯的行为方式，把这些儒生术士共四百多人，都坑杀在都城咸阳了。

这就是焚书坑儒事件的始末。对于这个事件，后人基本上都认为，这是秦始皇为了加强君主专制而实行的空前残暴的文化专制政策。这是对文化的摧残，对知识分子的摧残。秦始皇的暴政使得中国上古的文化典籍遭到了一次重大的破坏，使文化传承遭到了空前的打击。这一暴政最后也导致了人们对秦朝离心离德，以致在秦始皇死后不久，秦朝就灭亡了。

二　焚的什么书

从以上的故事中我们可以知道，“焚书坑儒”其实是两件事，而且从发生的原因来看，这两件事之间也没有什么必然的联系。不过，这两件事在后世读书人眼中，都是文化上的大劫难，所以就把这两件事合称，变成一个成语留传下来了。

既然是个大劫难，那就不妨把它说得越惨烈越好。读书人总是认为，秦始皇焚毁了中国所有的古代典籍，幸好在汉朝时，官方组织了几次典籍的搜救整理工作，有些书籍被民众暗中保护了下来，还有些书籍借着一些老学究的记忆而得以恢复，这才使得有些古代的书籍能够保存下来，中国的文化传统没有因此而断绝。但是焚书毕竟是一次大灾难，所以很多珍贵的古代书籍还是失传了。

这个秦始皇可真称得上是华夏文化史上的第一罪人，居然干出这等丧心病狂之事。很多读书人恨不得把秦始皇的墓扒开了鞭尸，方能解心头之恨。

秦始皇的焚书令，确实是专制皇权对文化的巨大摧残，怎么批评都不过分。但是，把古书失传的责任都推在这次焚书上面，是不是完全站得住脚呢?

有很多古代学者就不赞成这种说法。他们根据秦始皇焚书令的具体内容，以及古籍的留传情况，认为秦始皇的焚书并不是要禁绝天下学术。所谓“焚书”，是有目标有选择的，也不是真的要烧绝天下图书。

那么我们就不妨从《史记》的记载当中，看看这“焚书”到底是怎么回事。

《史记》记载，李斯向秦始皇建议：“臣请史官非秦记皆烧之。非博士官所职，天下敢有藏诗、书、百家语者，悉诣守、尉杂烧之。有敢偶语诗书者弃市。以古非今者族。吏见知不举者与同罪。令下三十日不烧，黥为城旦。所不去者，医药卜筮种树之书。若欲有学法令，以吏为师。”秦始皇欣然接受了这个建议，并下令执行。

简单地解释这段话的意思，就是：臣（李斯自称）请陛下下令，把除秦国以外的诸侯列国的史书都一概烧毁。除了朝廷的博士官之外，天下百姓不得私藏《诗经》《书经》和诸子百家著作，各地地方官要负责烧毁这些私人藏书。有敢于谈论《诗经》《书经》中语句的人，就要斩首，再有用古代典籍来否定当今制度的，就要族诛。如果官吏知道有私人藏书却不举报者，与藏书者同罪。自此命令下达起三十天之后，还有敢私藏书籍不烧的，要在脸上刺字，去边境修城墙当戍卒四年。需要保留的书籍，就是医药、占卜、种植方面的专业书籍。如果有需要学些法令的，就要以地方上的官吏为师。

从这段话中，我们可以得到很多信息。首先就是焚书的范围，是民间私藏的书籍，而秦朝官方藏书，则不在烧毁之列。也就是说，各种书籍在秦朝的国家图书馆中安全得很，而且官方的学者（也就是博士官们）也可以阅读研究这些书籍。

其次，焚书的种类，重点是诸侯列国的史书、《诗经》《书经》(也就是《尚书》）和诸子百家著作。列国的史书，都是站在自己国家的角度去记载历史的，其中肯定有很多对秦国的批评挖苦之语，所以要禁绝。《诗经》是带有政治色彩的古代诗歌集，先秦时期的人们有借《诗经》言志的传统，往往借用《诗经》中的词句，来表达对现实政治的态度，秦始皇当然不喜欢别人用这种含沙射影的办法来评论自己，自然也要禁。《尚书》可以说是古代政论和政令集，经常被儒生引用，以抨击时政，当然亦成为重点打击对象。诸子百家著作则反映了战国时期各家各派的政治主张，是那个分裂时代思想多元化的产物，秦始皇统一天下，自然也要统一思想，所以对诸子百家著作也不能容忍。而那些对于统治无碍，且专业性较强的书，比如医药、占卜、种植等方面的书籍，就允许保留。

由此可见，秦始皇焚书，并不是真的要烧尽天下书籍，也不是禁绝天下学术。他的目的，是实现思想上的统一，把春秋战国时期流行的私人讲学之风禁绝，使学术能够尽在官府的掌握之中。

应该说，秦始皇焚书之举，确实是一种野蛮的文化专制政策，我们也不需要为他翻案。可是历史的细节总要弄清楚，不能因为秦始皇有一个焚书令，就把书籍失传的责任一股脑儿都推到秦始皇头上。

还有一点需要指出的是，古代专制国家政权虽然也具有很强大的权力，但是由于交通、通信条件的限制，对社会方方面面的控制不可能非常严密，尤其是在地方上，往往是漏洞百出的。很多原六国贵族从事各种形式的反秦活动，甚至敢于直接刺杀秦始皇，可是秦朝政府根本找不到凶手，这充分反映出秦朝中央政权对地方控制的疏松。而且秦朝刚刚完成统一，社会还不安定，也有很多问题亟待处理。秦朝的地方官吏数量毕竟也有限，需要处理的事情也多，很难想象他们能挨家挨户地去百姓家里仔细地搜书。何况民间一直有种说法，叫作“一个人藏东西，一百个人找不着”。如果有人故意藏匿图书，恐怕朝廷的官吏也没有什么好办法。再者，焚书令颁布两年之后，秦始皇就去世了。再过了四年，秦朝就灭亡了。在这么短的时间内即使秦朝以全部的精力去搜查、焚烧图书，都不能保证毁掉所有书籍。也就是说，秦始皇虽然颁布了焚书令，但是这条命令能够得到多大程度上的执行，我们还是需要打个问号的。

有些人总认为秦始皇以法家的严刑峻法为主要的统治方法，所以不喜欢儒家的著作，其实不然。虽然有焚烧《诗经》《书经》这样的极端举动，但是秦始皇本人对于儒家的价值观并不排斥，也并不是一概反对复古。他创立“皇帝”这个称号，就是以古代帝王的称号为依据的。他论证秦朝统治的正统性，也是用的儒家的正统思想。秦始皇喜欢到各地的名山大川去巡游，并举行各种祭祀天地的活动。从秦始皇的祭文中来看，明显体现出了儒家的价值观。对于秦始皇而言，严刑峻法只是他的统治手段，但是他的治国方略，也未必只按法家那一套来做。他也需要儒家，需要那些饱读诗书的知识分子，需要那些上古留存的典籍和著作。当然，这一切都有一个前提，就是不能危害到他自己的统治。

文化专制，这在中国的历朝历代都是存在的。不过秦朝作为中国第一个统一的中央集权制国家，统治的经验和手段还不成熟。秦始皇本人又是经过血腥的杀戮才兼并六国、当上皇帝的，所以处理文化问题的时候也不可避免地有一种惯性思维，就是以暴力的手段来解决一切问题。殊不知，文化上的事情，和打仗是大大不同的。后世的专制王朝也注重文化思想上的控制，但是手段比秦始皇要高明了许多。相比较而言，焚书这个举动，是一种非常愚蠢的文化政策。

总之，焚书之举，使秦始皇臭名昭著，但是细加分析，焚书这个事件本身，对于书籍传承的副作用并没有传说的那么大。秦始皇主观上并不打算烧绝天下书籍；而在客观上，他即使真想烧了所有图书，也未必就能做到。

既然焚书并没有使图书绝迹，那为什么还会有那么多古籍失传呢?

对此，古代的学者有过很多解释，大体来看，不外乎毁于战火、历代统治者禁绝、书籍自身生命力消亡等因素。具体到秦汉之际的图书断档，恐怕项羽也有推卸不了的责任。

因为我们知道，秦始皇禁绝书籍的命令，是针对民间的。而政府掌握的大量书籍，是没有销毁的，而且仍然允许朝廷的文化官员（博士官）去研读。后来秦末农民战争爆发，刘邦率军攻占了秦都咸阳，秦王子婴投降。刘邦对秦国投降的贵族给予了妥善安置，对秦国的宫殿、府库等加以封存，不许士兵随便进入。这些做法得到了秦国百姓的认可。

后来项羽也来到了咸阳，刘邦的兵力不如项羽，只好让出了咸阳。可是项羽来到咸阳之后，立刻纵兵屠杀，不仅杀死了秦王子婴，还把秦国的宫殿、府库付之一炬。在焚烧之前，项羽的军队把秦国皇宫里的美女珍宝都掳掠一空。至于官府收藏的书籍，因为在造纸术出现之前的书籍多是一些竹简编成的册子，十分笨重，所以项羽当然不会把这些看似无用的东西带走。咸阳的大火持续了三个月之久，那些宝贵的先秦典籍，就在这场大火之中灰飞烟灭了。

项羽在咸阳大肆破坏之后，就带着金银财宝撤走了。后世的读书人却很少有人批评项羽摧残文化，甚至很多读书人还挺推崇项羽，比如写《史记》的司马迁。相反，刘邦保护咸阳的举措，按理说也保护了那些宝贵的书籍，读书人却总是不太看得上刘邦，时不时还要讽刺挖苦一下刘邦的出身低贱。这也是一个有趣的文化现象。当然，被骂得最多的，还是秦始皇。

三　坑的什么儒

说完了焚书，再来说说坑儒。

历来人们对于“坑儒”的误解，都要大于“焚书”。有的人望文生义，觉得坑儒就是活埋了四百多名儒生，而儒生又是古代知识分子的代称，所以坑儒更是残酷地摧残知识、摧残文化之举。罪大恶极的秦始皇，不惜使用疯狂暴虐的手段，来维护他的专制统治。这样的皇帝，是独夫民贼，人人得而诛之。

我们不妨把“坑儒”这两个字拆开来看。“坑”就是坑杀，很多人按字面意思理解，认为坑杀就是活埋。甚至有些字典也作这种解释，以致错误的概念反而有取代正确概念之势。其实，坑是古代军队的一种习俗，是指战斗胜利之后，把敌人士兵的尸体堆积起来，用土夯成一个金字塔形，以炫耀武力、威慑敌人的举动，也叫“京观”。后来一些残暴的将领在战后杀死俘虏，就用这种办法来处理尸体，称为“坑杀”。中国人讲究入土为安，而且认为敌对双方的士兵只是敌国之仇，并非有什么私恨，所以杀死对方已经是最大的惩罚了，不应该再虐待尸体。在这种观念影响下，把死者的尸体堆积起来炫耀武力，就被认为是一种非常残忍的行为，所以史家对于坑杀多持否定态度。再者坑杀往往是军队对于毫无反抗能力的人（比如俘虏，比如平民）的单方面屠杀，所以更显残酷。坑杀和活埋并不是一个概念，甚至坑杀之后都不会“埋”。史书中有这样的记载，某人来到一处坑杀现场，看到尸体堆积如山。这说明坑杀不是挖个坑把人活埋在地下，而是恰恰相反，将人的尸体堆积在地上，堆积得越高，越显得武力强大。

秦始皇杀死儒生之举，能被冠以“坑”字，可见不仅是杀人，在杀人之后，还把这些人的尸体展示给大家看，以儆效尤。这倒是也符合秦始皇的一贯做派。

对于坑杀这个词的含义，不仅很多读者弄错，即使一些有学问的人，也往往将其理解为活埋。很多讲焚书坑儒的文章，作者中不乏有影响力的学者，可是把“坑儒”直接说成“活埋了四百六十名儒生”的比比皆是。即便是有学问的人，也不能保证在所有细节上都不出错，但是错误不断累积流传，则会影响视听。

下面再来解释一下“儒”。其实“焚书坑儒”这个词是后来的说法，《史记》中最早是这么记录的："焚诗书，坑术士。"坑的对象是术士，而不是儒生。从坑儒事件的始末来看，也确实是秦始皇想要长生不老，却总被术士们骗，最后终于被骗急了，就拿术士们撒气。术士是干什么的？装神弄鬼、求仙问药、修炼法术等等，就是一群神汉加骗子的勾当。

秦始皇痴迷于长生不老，这固然是秦始皇的贪婪和愚蠢所致。可是术士们投其所好，利用秦始皇想要长生的心理，欺骗秦始皇耗费大量人力、物力、财力去寻仙问药，这也是很可耻的行为。秦始皇一怒之下杀了这些术士，也算是他们罪有应得。

这样看来，秦始皇明明杀的是术士，是神棍，怎么就变成杀害知识分子了？而坑术士这个事情，明明和摧残文化什么的不算太沾边，可是为什么后世的文人们一提到这个事就义愤填膺，恨不得把秦始皇生吃了呢？

这就要说一说术士和儒生之间的关系了。

一说起儒，大家想到的无非是儒家、儒学、儒生、儒者，连带着还会想起四书五经什么的。在我们今天看来，儒就是古代的知识分子。儒者都号称圣人门徒，儒家就是孔子创立的那个学派。

但实际上，"儒"这个行业比起孔子还要早很多。因为中国人重视死者、重视葬礼，所以很早的时候，社会上就产生了专门负责办理丧葬事务的神职人员，这就是最早的儒者。以治丧相礼为职业的儒，需要了解各地的风俗文化、礼仪制度。随着儒者知识文化的不断积累，他们就逐渐在社会上从事文化方面的工作，成为有知识有技能的那一类人。儒者的主要职责，包括保存和传承文化典籍、以"六艺"教育贵族、负责各种祭祀典礼的礼仪安排、占卜等等。如果用今天的职业来类比，儒者包括教师和各类知识分子、图书馆管理员、档案管理员、各种文秘人员、专业神职人员、婚礼葬礼司仪、路边摆摊算命先生等等。也就说，凡是在知识、文化方面有一技之长的人，都可以称为儒生。装神弄鬼、求仙问药，这也算广义的文化范畴，所以秦始皇杀的那些术士，在广义上也是儒生。

在汉代学者许慎的《说文解字》中，是这样解释“儒”的：“儒者……术士之称。”这里的“术士”，是“有术之士”，指早期那种广义的术士，也就是以自身的知识技能谋生的人。所以在很早的时候，儒和术士，指的是同一类人。后来术士这个词逐渐专指一些修炼神仙方术、意图成仙的人。

孔子本人是一个知识渊博的儒，他首开个人收徒讲学之先河（以前的教育都是官方组织的，主要面向贵族），很多人都来跟着孔子学习，这样就形成了一个学派，也就是儒家。从此以后，“儒”的含义就逐渐发生了变化。孔子曾经教育自己的弟子：“汝为君子儒，无为小人儒。”很多历史人物也都提到过君子儒与小人儒的区分。君子儒不仅要有丰富的知识，还要有远大的理想和高尚的道德情操。而小人儒，就是过去那种治丧相礼之儒，靠着自己的文化知识和技能谋生。君子儒自然就形成了后世那种知识分子式的儒者，成为在中国文化中占主导地位的群体。而小人儒，就演变成了有某些专业技能的人士。

到秦朝统一之后，儒的这种分化已经完成。秦始皇时期的术士，也就是那种小人儒，他们和后来演变成知识分子阶层的君子儒是截然不同的。所以在史书中，坑儒的正式说法是“坑术士”。但是术士毕竟也是广义上的儒，而且也不排除某些儒生依然从事治丧相礼、求仙问药这样的行业，所以人们按照以往的习惯，把秦始皇杀术士这件事说成是杀儒生，倒也不算错。

秦始皇坑杀的术士，从广义上来说，可以说是儒生，但是这些所谓“儒生”，无论如何不能算作知识分子。如果把这群装神弄鬼、骗吃骗财的神棍列入知识分子行列，那是对整个知识分子群体的侮辱。当然，这不是说被秦始皇坑杀的那四百多人当中，就一定没有纯粹做学问的真正儒者，但是占绝大多数的肯定是术士。秦朝那些担任博士官的真正的儒生们，在坑儒事件之后依然当他们的官，也没有看到他们受到这一事件的牵连。

因为被术士们欺骗而杀人，杀的也主要是术士，即便我们批评这件事，可以说秦始皇残忍嗜杀、蛮横专制，可是跟摧残文化什么的，是沾不上边的。甚至我们可以说，从这件事的起因来看，即使秦始皇坑杀的这四百多人中，真有很多人是儒生，也构不成摧残文化这样的罪名。无论是儒者还是术士，都没有天然的犯罪豁免权。如果他们因言获罪、因学术获罪，自然可以说是秦始皇的文化专制。但是秦始皇杀这些人，是因为他们欺骗了秦始皇，没有给秦始皇找到长生不老药。在这里，秦始皇个人的痴迷和愚蠢先放在一边，那些所谓的“儒”们，至少也是一个诈骗罪。秦始皇杀掉这些人，是惩罚他们的欺骗行为，而不是要搞“文字狱”。判断某一件事的性质，应该是主要针对事，而不是针对人。不能因为这件事的受害者是儒生，就断定这个事件的性质就一定是摧残文化。

这样看来，历朝文人们对秦始皇坑儒之举的大肆谩骂，实在是无的放矢。秦始皇杀的是术士，杀人的动机是被术士欺骗之后的愤怒。坑儒事件，是秦始皇残暴专断的象征，但是并不能因此给他扣上“摧残文化”的大帽子。

四　骂名千古传

历代儒者对于秦始皇的评价都不是太高，尤其是焚书坑儒这件事，简直是把秦始皇放在了天下读书人的对立面。读书人们称秦朝为“暴秦”，甚至根本不承认秦朝的正统地位。

当然，也总有一些思想比较另类的人，从不同的角度来看待秦始皇。比如毛泽东就在一首诗中写道：“劝君少骂秦始皇，焚书坑儒需商量。”是不是应该少骂秦始皇，这个见仁见智，不必有什么统一的看法。而焚书坑儒这件事，确实需要商量，这也是一种对历史负责的态度。

如我们前文所说，焚书坑儒是两个事件，最早的说法是“焚诗书，坑术士”。焚诗书，可称得上是一种极端的文化专制措施，对于文化典籍的传承，也确实是一个大的灾难。其实历朝历代都有禁绝某些书籍的政策，但是只有秦始皇留下这么大的骂名，是因为他焚书的范围过大，牵涉的典籍过多，而且手段太过于直接。

清朝的乾隆皇帝下旨编订《四库全书》，被当时的读书人称为一件盛事。但是在编订的过程中，很多对清朝统治不利的书籍都被销毁，或者篡改。而这一切都是在编书的幌子之下进行的，所以大部分的文人士子们不但不反对，反而大加赞颂，以致虽然乾隆皇帝大搞“文字狱”，在很多文人的眼中却还是圣明君主。

相比之下，秦始皇的手段就差得太远了。

本来秦始皇焚毁的书籍范围就已经很大了，可是由于词语含义的演变，很多人又把这个范围进一步加大。比如，“焚诗书”本来指的是焚烧《诗经》和《书经》，这两本书是需要禁绝的重点书籍，因为儒生们经常用这两本书批评政治、借古讽今。可是随着词义的演变，“诗书”这个词开始泛指一切书籍，这样“焚诗书”就被人理解成焚烧一切书籍，无形间罪行又加大了几分。

虽然焚书的后果被夸大了，但秦始皇毕竟要为此承担责任，罪名是跑不了的。我们需要纠正的，只是流传很广的因焚书而导致书籍失传这种说法。而在坑儒这件事上，秦始皇挨的那些骂，确实是有点冤。

既然史书上写得明明白白，秦始皇坑杀的是术士，怎么文人知识分子们非要把这个术士理解成儒者呢?

其实，这源于儒者们对自身所处地位的一种恐惧。儒从产生的时候起，就是在经济上没有独立地位，依靠自身的知识技能，依附于强势者的一个阶层。虽然经过孔子的改造，但是儒者依然是以知识文化为立身之本，其依附性并没有消失。术士们即使已经不再被视为儒者,可是儒者和术士的生存环境还是有相似之处，就是都用自己的技能去为当权者服务，自己的命运也取决于当权者的需要。这样，专制帝王杀害术士的行为，很容易被他们联系到自己身上，产生一种同病相怜的悲哀。

另外，秦朝仅仅维持了十五年，就短命而亡。汉朝统治者要论证自己统治的合法性，就要拼命抨击秦朝的统治，以证明秦亡汉兴的必然性。儒者们本就对秦始皇的文化专制不满，到了汉朝，他们终于得到了发泄的机会。于是，秦始皇残暴的一面就被儒者们充分地展示了出来，本来没做过的坏事要给他安上，本来做过的坏事要给他夸大，大有让秦始皇把黑锅背到底的趋势。在这样的环境下，本来是和读书人关系不大的坑术士事件，也被儒生们说成残害读书人的恶行。

表面看来，古代的儒者们是依附于强权的、非常软弱的一个群体，可实际上，作为一个群体而言，儒者的力量远不像他们表现出来的那样柔弱。中国古代的儒者，是社会舆论的主要塑造者，也是民众思想的主要控制者。他们和专制皇权，表面上是依附与被依附的关系，实际上却是合作关系。皇权得不到儒者们的支持，就不能维持长久。专制皇权为此还开出了众多的优惠条件来笼络儒者，比如宋明两朝都明确主张，皇帝要与士大夫共治天下，读书人无论做多大官、有多少收入，都不向国家纳税。而皇帝如果和儒者——读书人发生冲突，皇帝或许能取得暂时的胜利，但是读书人们能给这个皇帝留下千载的骂名，让其永世不得翻身。在中国历史上，只有读书人是绝对不能得罪的，一旦得罪了他们，你无论做过什么事，都会变成坏事。彼时秦始皇统一天下，正在志得意满之际，哪里懂得这些道理？虽说被人骂了两千多年有点冤，可还是两个字：活该。

文人捧红的“飞将军”

林暗草惊风，将军夜引弓。
平明寻白羽，没入石棱中。

这是唐代诗人卢纶所作的《塞下曲四首》中的一首，是唐代边塞诗中的上乘之作，千百年传唱不衰。这首诗描述的那位威风无比的大将，就是汉代抗击匈奴的著名“飞将军”李广。

以李广为题材的诗歌，绝不仅仅有这一首。我们信手拈来，就能举出几首脍炙人口的名篇。

出塞

——王昌龄

秦时明月汉时关，万里长征人未还。
但使龙城飞将在，不教胡马度阴山。

燕歌行（节选）

——高适

相看白刃血纷纷，死节从来岂顾勋？
君不见沙场征战苦，至今犹忆李将军！

曲江三章章五句（第三章）

——杜甫

自断此生休问天，杜曲幸有桑麻田，故将移往南山边。

短衣匹马随李广，看射猛虎终残年。

老将行（节选）

——王维

少年十五二十时，步行夺得胡马骑。

射杀山中白额虎，肯数邺下黄须儿！

一身转战三千里，一剑曾当百万师。

汉兵奋迅如霹雳，虏骑奔腾畏蒺藜。

卫青不败由天幸，李广无功缘数奇。

自从弃置便衰朽，世事蹉跎成白首！

正是这些优秀诗篇，向我们描绘出了一个英勇善战的勇将形象，使李广这个名字深入人心。甚至很多人在夸赞某些武将时，都喜欢用李广的名字来形容，比如《水浒传》中的“小李广”花荣。

李广有这么大的名气，那么想必在战场上也是威风八面，杀得敌人闻风丧胆。可是我们在读唐诗的时候又会发现，诗人们似乎都对李广的命运十分惋惜，总有类似于“冯唐易老，李广难封”这样的语句出现，李广也成了时运不济的典型。唐代的边塞诗人们也常借李广的名字来抒发自己报国无门、怀才不遇的忧愤心情。

名声显赫的飞将军李广，到底为什么那么不得志？是皇帝不会识别人才，还是真像诗人们说的那样，是李广自己的命运不好？

一　威名赫赫飞将军

李广是西汉名将，陇西成纪（今甘肃静宁）人，祖先是秦国大将李信，可称将门世家。李广活动于汉文帝、汉景帝、汉武帝三朝，主要在汉朝北部边关和匈奴作战，一生参加了七十余次战斗，最终却没有封侯（汉朝建立时，本来有几个功勋卓著的将领被封王，后来这些人都被汉高祖刘邦除掉了。刘邦临死前规定，只有刘姓的皇室子弟，才能封王；大臣当中，功勋卓著的，可以封侯。所以封侯是汉代大臣所能获得的最高奖赏），可谓颇不得志。

李广出身于将门世家，从小修习武艺，勇猛善战。李广的射箭技术尤其了得，号称箭无虚发，有百步穿杨的本领。

汉文帝时期，匈奴屡次进犯中原，此时李广开始从军，抗击匈奴，很快就凭着自己一身的武艺，从普通士兵中脱颖而出，成为一名军事将领，还曾经率领骑兵，担任皇帝的护卫。汉文帝很欣赏李广的武艺，对李广说："只可惜你生不逢时，要是赶上高祖那个时代，怎么也能封你一个万户侯。"

汉文帝当时可能只是随便这么一说，不过从后来李广执着于封侯的心态来看，或许就是汉文帝的无心之语，促使李广树立了自己一生的目标。

汉景帝时期，李广参加了平定"七国之乱"（吴、楚等同姓诸侯王发动的反叛中央的战争）的战斗，立下了功勋。当时，没有参加反叛的一个诸侯王梁王刘武，很欣赏李广，私自给李广颁发了一个将军印，李广不明所以，居然接受了。中央的官员私下结交藩王，是很大的罪名，是西汉朝廷严厉禁止的，要受重罚。朝廷念在李广平叛有功，功过相抵，不赏不罚。

在平定“七国之乱”以后，李广就被调到边境去抵御匈奴。

在此期间，李广与匈奴多次作战，留下了很多富有传奇色彩的故事。

有一年，匈奴兵进犯汉朝的上郡（今陕西北部，榆林等地），汉景帝派出一个宦官和李广一起统率军队，抗击匈奴。这个宦官带着十几个骑兵出去巡查，遇到三个匈奴骑兵。这三个匈奴骑兵箭术高超，反而向汉军发起了进攻，把汉军这十几个骑兵全杀了，连那个宦官也受了伤。

宦官逃回大营，向李广报告了情况。李广判断，这三个匈奴兵一定是匈奴人中擅长射箭的勇士，就率领一百名骑兵前去追赶。

李广带着部队追出几十里，终于追上了那三个匈奴兵。李广亲自出马，射死两人，生擒一人。就在这时，匈奴的大队人马到了，足有几千人。李广只带了一百骑兵出来，这一下敌众我寡，形势十分危急。

匈奴兵看见李广这一小队骑兵，以为是一支诱敌部队，所以一时也不敢上前。李广手下的骑兵们可早就慌了神。李广对大家说：“现在，我们离开大部队已经有几十里了。如果贸然跑回去，匈奴就会追杀我们。如果我们不动，匈奴就会以为我们是诱敌部队，所以肯定不敢出击。”于是李广下令全军前进，逼近匈奴阵前。然后李广又命令大家下马解鞍，部下们更不理解了，李广就解释说：“这样敌人会认为我们确实是诱敌部队，所以更不敢攻击我们了。”

匈奴兵果然不敢上前。

双方僵持了一会，匈奴阵中有一个骑白马的小头目，出来约束部队，李广趁机上马，一箭射死了这个小头目，然后继续下马解鞍休息。匈奴兵被眼前这一小队人的奇怪举动迷惑住了，不知该做什么。天色变暗，匈奴兵还是害怕附近有汉军的埋伏，就连夜撤走了。天亮之后，李广带着一百人的小队，大摇大摆地回到了营地，和大部队会合。

到了汉武帝时代，李广依然在北方抵御匈奴。随着汉朝国力的增强，汉朝对匈奴的战略也由被动防御逐渐转向主动进攻。公元前 129 年，汉武帝派出四路大军，向匈奴发动进攻。其中李广这一路从雁门关（在今山西省代县）出发，遇到匈奴主力部队，寡不敌众，全军覆没，李广也身受重伤。由于匈奴单于早就听说过李广的威名，所以下令生擒李广，李广就这样被匈奴俘虏。匈奴兵用两匹马拉着一个网兜，把李广就放在网兜里。李广一路装死，却在寻找机会。他看到旁边有一个匈奴兵骑着一匹好马，就纵身跳上马背，一把抢了匈奴兵的弓箭，把匈奴兵推下马去，然后打马飞奔。匈奴骑兵们在后面紧紧追赶，李广边跑边用弓箭射杀匈奴兵，终于得以逃脱。李广收集残余兵马，回到京师。匈奴人惊讶于李广的骑射本领，都因此称李广为“飞将军”。

因为李广打了败仗，又被敌人生擒，按照汉朝法律，是要斩首的。不过汉代有“赎刑”的规定，就是可以用钱财、战功或是爵位来减缓所受的惩罚。李广就用赎刑的办法保住了一条命，不过死罪可免，活罪难饶，被贬为庶人，剥夺了一切职务。

不过李广赋闲没有多久，汉武帝就重新起用李广，任命他为右北平（今辽宁省凌源市附近）太守。在李广镇守右北平期间，匈奴惧怕李广的威名，多年不敢派兵进犯。

一次，李广出去打猎，远远地看到草丛中似乎趴着一只虎，于是李广张弓搭箭射过去。箭射中了目标，李广走近一看，却是射中了一块石头。李广这一箭力道极大，整个箭头都射进了石头里。李广拿起弓箭再射，却怎么也射不进去了。由此可见人在危急关头爆发出来的力量，要远远超过平时。

后来，李广升任右将军之职，跟随大将军卫青出击匈奴。诸军大都有所斩获，但是李广所部没有找到匈奴军队，所以也没有什么战功。

公元前121年，李广带领四千骑兵，又一次出击匈奴。这一次，还有博望侯张骞（也就是出使西域的张骞）率军一万，配合作战。两支部队分开行军，李广的军队遇到匈奴几万骑兵的围攻。汉军被数倍于自己的部队包围，都十分害怕。李广就让自己的儿子李敢率军冲击敌阵，李敢冲杀一番回来，告诉将士们："匈奴兵没什么可怕的！"汉军这才安定下来。

李广把军队布置成圆阵，准备应敌。匈奴兵箭如雨下，汉军也以弓箭还击。打了一会儿，汉军死伤过半，箭矢也快用完了，大家都很惊慌。李广拿起一把强弓，射杀了匈奴的偏裨将佐数人，这才止住了匈奴的攻势。李广又整饬军队，布置阵型，匈奴兵不敢上前，双方就这样对峙到天黑。第二天，张骞的大队人马赶到，匈奴兵这才撤走。

经此一战，李广军队几乎全军覆没。虽然杀伤了不少敌人，可是功过相抵，李广没有得到奖赏。而博望侯张骞却因为战败被处以死刑，靠着赎刑得以保命，但是也被贬为庶人。

公元前119年，汉武帝发动了对匈奴的战略决战，以大将军卫青为统帅，调动各路人马出击匈奴。李广自告奋勇担任前锋，汉武帝觉得李广年事已高，不适宜再出兵作战。在李广数次请求之下，汉武帝最终还是答应让李广出征。不过因为李广历次遇到匈奴基本都没有打过胜仗，而此次对匈奴一战又是战略决战，不容有失，所以汉武帝还是放心不下李广，暗中嘱咐卫青不要让李广当前锋。于是卫青安排李广为东路军，从侧翼包抄匈奴王庭。李广觉得东路的路况很差，不利于行军，再加上他立功心切，就拒绝接受卫青的安排。卫青就下了一道官方文书，要求李广服从命令。李广心中有怨气，只好接受这个安排。结果，在行军过程中，因为找不到向导，李广的军队迷路了，没有及时赶上主力部队与匈奴的决战。

这场战役以汉军大胜为结果，匈奴遭到沉重打击。但是没能抓住匈奴的单于，也是有些许遗憾。卫青带部队回师，与李广会合。战争既已结束，卫青作为总负责人，要向汉武帝汇报战争的情况。关于李广部迷失道路这个事，也需要进行详细了解。于是卫青派人给李广送去酒肉劳军，顺便了解李广部队迷路的情况。李广却认为，让一个文员小吏来问自己，是自己莫大的耻辱。再加上自己失去了最后一次立功封侯的机会，于是心灰意冷之下，李广拔刀自刎，结束了“飞将军”具有传奇色彩的一生。

李广的死讯传到汉朝境内，很多人都为李广的死而悲伤，感叹朝廷失去了一员大将。又过了几十年，李广的孙子李陵也成长为一员大将，在率军出击匈奴的时候，被匈奴大军围困，被迫投降。

汉武帝知道此事，震怒异常，就下令把李陵的妻子家人全都治罪。担任太史的司马迁认为李陵投降是不得已而为之，其实是想暂时投降，再想办法曲线报国。可是盛怒之下的汉武帝不仅听不进司马迁的话，反而把司马迁处以宫刑。李陵全家被杀，至此李广这一支就在汉朝销声匿迹了。

二　盛名之下，其实难副

看了李广的生平事迹，在感叹李广的勇猛善战和骑射无双的同时，我们也不难发现，他几次出击匈奴，不是因迷路无功而返，就是吃败仗狼狈而回，甚至还有被敌人俘虏的经历。要想在李广的履历当中找到一个“大胜”的记录，还真是很困难。

唐朝边塞诗人们妙笔生花，用大量的诗篇来夸赞李广，使不明就里的人有一种印象：李广这么大的本领，得打过多少胜仗啊。可是翻开史书，让人大失所望，李广的作战记录，似乎总是离不开战败、全军覆没、迷路这几个字眼。一个如此厉害的将军，却没能取得什么辉煌的战果，难道真的如边塞诗人们所说，是李广的命运不好吗？

“命运说”一直是诗人们用来解释李广不得志的主要说法。《史记》中说李广“命数奇”，也就是命运不好。还有一个算命先生说李广是因为有杀降的不良记录，所以导致终生不顺。持“命运说”的人往往还拿卫青来作为李广的对比。比如公元前129年，汉军四路出击匈奴，李广全军覆没，只身逃回。不过卫青却深入匈奴境内，直捣匈奴祭天的龙城（今蒙古国境内哈拉和林），取得了斩首七百的战果。为什么会有这样的结果？因为李广素有威名，匈奴人很忌惮他，所以拿出主要力量来围歼李广这一路部队。而那个时候卫青仅仅是初出茅庐，凭借着身为皇帝小舅子的身份才有了领军作战的机会，匈奴人也以为他不过是裙带关系的产物，所以没有严加防范，以致吃了亏。从这个意义上说，卫青能取得自己人生中的第一场大功，还有李广一份功劳呢！

至于后来的几次作战，李广不是因为迷路遇不到敌人，就是遇到几倍于自己的敌人，所以不是失败就是无功而返。这老天对李广确实太不公平了。所以唐朝诗人王维才能在诗中写道："卫青不败由天幸，李广无功缘数奇。"

这一说法看似很有道理，也流传很广，被很多文人名士认可。但是细想起来，不免有点讽刺意味。按照这种逻辑，李广没遇上匈奴部队，是李广运气不好；李广遇上匈奴部队了，还是李广运气不好。那到底怎么才算是运气好呢？

还有一种说法是，李广虽有大才，但是长期被人压制，汉武帝也因为"命数"这种迷信的原因而不喜欢、不信任李广，所以李广才郁郁不得志。由此可见，万恶的封建专制制度是压制人才、摧残人才的罪魁祸首，云云。

其实，比较李广和同时代人的遭遇，似乎李广的运气还不算太差，甚至可以说运气还不错。

还是看公元前 129 年出击匈奴那次，李广全军覆没，自己还当了俘虏，按理说他的军事生涯或许就此结束了。可是偏偏匈奴人以为李广身受重伤，他又在那里装死，所以就放松了戒备，以至李广能够夺取马匹逃脱。假如匈奴人对李广的戒备心再重一些，或者至少在俘虏李广之后用绳子把他绑起来，这样李广还能逃掉吗？在战场上对待俘虏，自然应该用一些工具手段禁锢一下，各类小说故事中，敌将如若战败，总有一句“绑了”在等着他。可是匈奴人对李广网开一面，使之得到了极好的逃脱机会。从这个角度上我们可以说，李广的运气真不是一般地好。

逃回京城之后，本来李广的罪责应该是判死刑的，幸好汉朝的法律中有赎刑的规定，李广才捡回了一条命。想想李广手下那么多将士战死沙场，而最后李广居然还能活着，这至少说明李广的运气没有那么差。

公元前 121 年，李广和张骞一同率军出击匈奴，战败。战败的原因有两个，一是张骞的大部队延误了行程，没有和李广一起行动；二是李广孤军深入，陷入敌军包围。后来张骞好歹还率军救了李广，可战后处理结果是，张骞延误行程是战败主因，论罪当死，靠赎刑免为庶人；李广损兵折将有罪，但是力战敌军有功，功过相抵，仍然担任将军。由此可见，汉代律法执行还是很严格的，对责任的区分也很明确，并没有谁故意难为李广，也不能说李广运气差。

至于说李广的才能受到压抑，那就更是无从谈起。汉武帝本人在对待军事将领的时候，还是比较公正的，至少在早年是如此。张骞有出使西域的大功，沟通了中原与西域地区的联系，被封为博望侯，在整个中华文明史上是有重要影响的人物。汉武帝本人也很器重张骞，可是张骞战败，依然要按律治罪，没有偏私。

汉武帝其实十分欣赏和信任李广，甚至有时候的做法可以称之为偏袒李广。李广曾经担任过西汉中央政府的郎中令，是皇帝身边的亲近官职，掌管皇宫内的警备任务，是禁卫军的统领。假如汉武帝不信任李广，是不可能让李广来负责皇宫守卫的。

李广因战败赋闲在家时，一次出去游玩，天黑才回来，经过霸陵亭（“亭”是汉代的地方行政单位，但是与一般的民政单位又有区别，带有军事色彩）时，由于实行宵禁，霸陵尉（负责地方治安的官员）不让李广通过。李广的随从就和霸陵尉说：“这是当年的李将军，快让我们过去吧。”可是霸陵尉也是喝醉了酒，说话有点不计后果，就呵斥道：“就是现任的将军也不能通过，何况是当年的将军？”李广一行人没有办法，只好在亭下宿营。后来，汉武帝重新起用李广，李广就把霸陵尉召到自己军中，找个理由把他杀了。事后，李广也知道自己擅杀官员有罪，就向汉武帝请罪。汉武帝不仅没有责怪李广，反而好言抚慰。这已经可以称得上是不计原则地袒护李广了。

后来，李广屡次与匈奴作战，都不能获胜。可是汉武帝还是一次一次地给李广出战的机会，这都说明汉武帝是有心要成全李广的，李广却总是不能立功。李广的堂兄弟李蔡，时人都认为才能不及李广，可是李蔡当上了丞相，也封了侯。就连李广的儿子李敢，因为跟随霍去病攻打匈奴有功，也被赐爵关内侯。虽然关内侯是西汉侯爵中比较低的品级，但是也算是封侯了。既然汉武帝对李家的人都能重用，那又怎么会独独为难李广一人？

可见，李广一生不得志的原因，并不在皇帝身上。李广的运气不能说很好，可也不算特别地差。李广不得封侯，就是因为功勋不够。虽然有赫赫威名，却打不了胜仗，李广也确实是盛名之下，其实难副了。

三　才能品德，中人之资

像李广这样英勇无比、久经沙场的战将，居然没能立下不世功勋，这在诗人文士的眼中是不可理解的。要是这个人的品德有问题，那也就罢了，还可以从泛道德论的角度去说明坏人有坏报。可是偏偏司马迁在《史记》中记载，李广为人忠厚，不善言辞，为官清廉，爱护士卒，很受战士们拥戴。李广的死讯传回，吏民百姓大多为李广哭泣流泪。司马迁还说，李广是“桃李不言，下自成蹊”，品德十分高尚。这样的人却一生不得志，那除了用运气来解释，还能用什么呢？

其实，一个将领的军事才能，更多的是看他指挥部队、临机应变的能力，而不是个人的勇武。李广虽然箭术无双、骑术精湛，而且作战勇猛，可是在指挥大部队作战方面，李广的能力实在是不能令人恭维。

先说说李广的治军。按照史书记载，李广治军的特点是“简易”，他曾经和名将程不识一起出击匈奴。程不识的部队严整有序，纪律严明，在营寨之外设置报警哨位，军队中的各种文书也都认真处理，士兵们觉得很辛苦，不过从未遭到匈奴的进犯。李广的部队则是松松垮垮，专找水草丰美的地方扎营，营寨建立起来之后，士兵们人人自便，没有什么约束。在营寨外面，也不设置警戒哨。处理各种文书，也是马马虎虎，完全是一种放羊式的管理。但是李广把侦察骑兵远远地派出去，这样如果有什么敌情，也好尽早发现。李广的部队也因此没有受到匈奴的侵犯。

人都是好逸恶劳的，士兵们觉得李广这里管理松散，不那么辛苦，所以都愿意跟着李广，不愿意跟着程不识。程不识却看出了问题的要害，他说："李广治军简易，军队没有纪律，一旦被敌人袭击，就麻烦了。不过士兵们在他手下比较轻松，所以也愿意为他效死。我治军严格，士兵们不喜欢我，但是敌人也没有办法袭击我的营寨。"

李广确实有一些好的品格，能够得到士兵的爱戴。比如在遇到危险时身先士卒，得到赏赐就分发给属下的士兵，饮食方面都和普通士兵相同，不搞特殊化。在一些艰苦地区扎营时，士兵们没有喝过水，李广决不先喝；士兵们没有吃过饭，李广决不先吃。

爱护士兵，是将领的美德，但是凡事都有一个度。从李广治军的特点来看，他是一种无原则的宽松，不讲纪律，一味迁就士兵们的喜好。这样的管理方式，用在任何一个组织群体中，都是极为有害的。在学校里面，一个对学生非常严厉的老师，往往不受学生欢迎，而那些对学生很放纵的老师，学生们都喜欢。但是后者往往出不了成绩，所以一般的家长还是希望自己的孩子能遇到一个严格的老师。公司企业也是一样，如果一个领导只知道关心下属，却不知道约束下属的纪律，那这个公司肯定出不了业绩。《孙子兵法》中说："卒未亲附而罚之，则不服，不服则难用也。卒已亲附而罚不行，则不可用也。故令之以文，齐之以武，是谓必取。"意思是说，如果士兵没有亲附于自己，就贸然实行赏罚，那么士兵就不会服从。但是如果士兵已经亲附于自己之后，还不严明赏罚，那这样的军队也是不能用的。要文武并用、恩威并施，这样的带兵方式才合格。而李广带兵的方法，就像家长溺爱孩子，是很不可取的。这样的军队，战斗力和战场应变能力，肯定好不了。有几次李广的部队被匈奴围困，士卒都十分畏惧，几乎失去作战的勇气，全是靠着李广个人的勇武来激励士气。这一方面显示出李广个人的英勇善战，但是另一方面则显示出李广治军无方，平时过于娇惯士卒，士卒反而没有了临敌决战的勇气。

再看看李广的行军作战。李广有两次在出击时迷失道路，无功而返。应该说，在匈奴广阔的草原和沙漠上行军，常常几千里没有人烟，迷失道路倒也不算奇怪，但这仅仅是就我们普通人而言。作为指挥大军的一方统帅，出发前安排好向导，选择合适的道路本就是为将者的基本素质。《孙子兵法》有云："不知山林、险阻、沮泽之形者，不能行军；不用乡导者，不能得地利。"可见，孙子在李广之前几百年就已经把识地利、用向导当作行军作战的基本工作，可是到了李广这里，总是因为没有向导而迷路。迷路这个事情，应该说是李广个人军事素养不够的表现，而不能成为其没有战功的开脱。

李广遇敌作战时，为追求射箭的准确性，往往等敌人离得很近的时候才发射，能做到箭不虚发。在野外打猎的时候，李广也有这个习惯。这个特点，使得李广经常被敌人围困，而且打猎的时候也容易被猛兽伤害。可是李广从来也不改变自己的作战方式。早在李广还是一个中低级将领的时候，就有人评论李广："李广自负才气无双，打仗的时候总喜欢冲在前面和敌人力战，恐怕这个习惯会让他吃亏。"将领敢于冲锋陷阵，这是好事，但是作为高级将领而言，需要负责成百上千战士的生命，一味地敢打敢冲，那是匹夫之勇，虽然有时有激励士兵士气的效果，但更多的时候则是会造成军队的指挥混乱，反而会打败仗。从这里也可以看出，李广打仗，凭勇气的时候多，动脑子的时候少。关于李广的那些故事，更多的也是一些个人英雄主义色彩浓厚的传奇，但是很少见到他身为一方大将运筹帷幄、料敌获胜的记载。

李广虽然个人的骑术和射术都很优秀，却并不擅长指挥大规模骑兵部队的机动作战。汉文帝说李广生不逢时，如果赶上汉高祖那个时候，就能封个万户侯。汉高祖刘邦和项羽争夺天下的战争，是以步兵作战为主。一个骑兵将领，不必具备太多的战术指挥能力，只要敢打敢拼，就能发挥出骑兵对步兵的优势。在那样的环境下，李广也许真能成为一个功勋卓著的武将。但是时代不同了，汉朝与匈奴之间的战争，是以汉朝的骑兵对抗骑射本领更加高超的匈奴骑兵。单论个体的骑术，汉朝士兵肯定比不了匈奴这样的游牧民族，所以只能发挥群体作战的力量。群体作战，靠的是纪律、战术和勇气，而李广带兵，恰恰在纪律和战术方面比较薄弱，唯一值得称道的就是他自己的勇气，他自己的勇气却也不能转化为士兵群体的勇气。

对于李广带兵总是遭遇优势敌人的包围这个事，我们也不能简单归结于李广运气不好。应该看到，李广不重视军队的纪律约束，战前不能对行军路线做详细了解，也不重视寻找向导。宿营的时候，只知寻找水草丰美的地方扎营，而不考虑安全性。而作战时又自恃其能，喜欢盲目冒进。这些，都是李广的军队屡屡陷入险境的原因。

汉朝士兵在遇到匈奴兵时，战斗力并不算弱，以少胜多的情况时有发生。再加上骑兵的机动作战导致战场情况瞬息万变，有时候兵力多的一方未必能够稳胜。汉朝名将霍去病第一次出击匈奴，仅率八百骑兵，却深入敌境，杀敌两千多，俘虏了匈奴的相国和单于叔父，还斩杀了匈奴单于的祖父。此后霍去病数次出击匈奴，都是长途奔袭，深入匈奴境内，所面对的形势比李广要险恶得多，可是每次霍去病都能大胜而回。几年当中，被霍去病斩杀俘虏的匈奴人，多达十几万人，其中包括匈奴的王爷、阏氏（匈奴单于的皇后妃子统称阏氏）、王子、相国以及各类官员。反观李广，虽说也遇到过匈奴的优势兵力，但是这并不意味着就是必败的结局。何况骑兵的优势在于其机动能力，你打不过，总也能跑吧？可是李广几乎每次都打成了全军覆没的局面，作为一位名将来说，这实在说不过去。

在军事素养方面，李广已经是问题很多了。那么在做人方面，李广是不是无可挑剔呢？

由于那种过于宽松的治军方法，李广深受士兵爱戴，在百姓眼中的形象也很好。表面看来，李广应该是脾气比较温和、待人宽厚、与人为善的。

但是人总是有缺点的，在品德方面高洁如圣人的更是凤毛麟角。李广也做过一些为人不齿的事情。他赋闲期间被霸陵尉冒犯，一被起用，就公报私仇，把霸陵尉召到军中杀害。按照汉代法律，私自拿着武器夜间出门，是要重罚的。何况霸陵亭实行宵禁，霸陵尉阻止李广通过，本是分内的事情，是忠于职守的表现。李广拿出前任将军这个身份来压对方，本就有仗势欺人的性质，说不上有理。我们当今这个时代，那些嚣张地叫嚷“你知道我是谁吗”“我爸是某某”的人，无不遭到舆论一致的唾弃，对比李广的做法，是不是颇有相似之处？当然，霸陵尉也是喝多了酒，说话不太客气，要是当时头脑清醒，说得委婉一点，恐怕也不会遭到日后的横祸。但是不管怎么说，李广这个做法确实是心胸狭隘的表现，真的不是大将之风。

另有一件事，是李广自己说的。他曾经问一个算命先生：“我觉得自己奋勇作战，杀敌不少，为什么却不得封侯呢？”算命先生说：“您觉得您曾经做过什么特别让自己后悔的事吗？”李广说：“当年我当陇西太守时，羌族人造反作乱，我引诱他们来投降，共有八百多人来降，我当天就把他们全杀了。现在想想，这确实是让我最后悔的一件事。”算命先生说：“杀害已经投降的士兵，再也没有比这更大的罪过了。您不得封侯，就是这个原因。”

李广不得封侯，是不是真的因为杀害降卒，这个我们不必追究。不过从这件事中，李广的残忍和不讲信义的一面却暴露了出来。在历史上，杀害降兵的例子很多，比如战国时秦将白起，杀害了赵国的四十万降兵，其残忍程度令人发指。不过这种杀降，固然是灭绝人性，但是敌人被迫投降，并非心服口服，杀了他们以绝后患，总也算是有个原因。羌人是被李广引诱来投降的，本来就已经主动放弃抵抗了，可是李广还是杀了他们，虽然杀害的人数比不了白起，但一点也不比白起高尚。

论才能，李广只是个人勇武方面比较突出，指挥大部队作战的能力则比较欠缺，军事素养也说不上优秀。论品德，李广虽然口碑很好，可是也有心胸狭隘、睚眦必报、无视诚信等不好的一面。

四　李广难封，理所当然

秦汉两朝，都有按照首虏数计算战功的规定。斩首和俘虏的敌人数量，直接决定将领所得到的封赏，有点像现在工厂里实行的计件工资。而在战场之上，一般来说，只有胜利的一方才有可能在战后详细清点杀敌的数量，因为战败一方忙着逃命，根本不可能还留在战场上数数自己杀了多少敌人，而凭借战时将士们的记忆来确定杀敌数，自然不可能足够详细。李广与匈奴作战多年，死在他手里的匈奴兵应该不在少数。但是李广打不了胜仗，这样就抓不到什么俘虏，也很难把匈奴兵的首级拿回去计算功劳。所以说，李广不得封侯，也许并不是因为杀敌少，但肯定是因为打的胜仗不多。

打过几次败仗，本也不是什么不得了的问题，很多名将也不是一生下来就会打仗。可是李广最大的问题是认识不到自己为什么吃败仗，因此也就不想着总结失败教训，改变作战方法。李广一直坚持认为自己命运不好，再加上本人又比较自负，总是改变不了靠着个人勇武的作战方式，一条道走到黑。这样一来，很多后辈（包括李广自己的儿子）都迅速进步，在很多方面超越了已经停滞不前的李广。李广却总是用一种“竖子得势”的心态来看待这些事，虽然心里不服气，却又放不下那份矜持。这样怎么打胜仗？

李广对后辈将领不服气，自己又长期没有什么战功，在很多事情上就显得非常意气用事。公元前 119 年，李广最后一次出击匈奴。总指挥卫青安排李广从东路出击，李广想要担任前锋，卫青不允许，李广一气之下竟然不接受卫青的命令。后来迷失道路，无功而返，卫青派人去了解情况，这本来也是应该走的程序，李广却把这视为对自己的羞辱，愤而自尽。有人认为卫青不让李广打前锋，一是因为皇帝的暗中叮嘱，二是因为有私心不想让李广立功。卫青到底是出于何种目的，我们暂且不去研究。但是军人以服从命令为天职，李广个人意气用事，拒不接受卫青的命令，这说明李广为了自己立功，早已把私事和公事混淆，分不清孰轻孰重了。

造成李广悲剧性命运的，也不仅仅是他个人的原因，汉武帝这个西汉帝国的最高统治者，也负有一定的责任。我们前面说过了，汉武帝并不是不欣赏李广，也不是有意要压制他，那为什么说他对李广的悲剧负有责任呢？原因就在于，汉武帝太过于高看李广，被李广的资历与名气迷惑，从而给李广安排了他力所不能及的任务。

李广领军作战，屡次惨败，这说明他并不是一个可以独当一面的大将之才。可是汉武帝还是一而再、再而三地让李广独自统率大军，完全不顾李广个人能力的局限。如果汉武帝和李广都能认识到这一点，安排李广跟在卫青手下，发挥其冲锋陷阵的特长，那或许李广早已实现封侯的夙愿了。当然，这也只是一种一厢情愿的想法。要想让心高气傲的李广承认自己能力不行，甘心当卫青的属下，恐怕是很难的。而李广威名在外，资历又老，这样的战将，如果汉武帝只是安排他给别人打下手，恐怕社会舆论也不会答应。

更麻烦的是，汉朝的对手匈奴人，对李广的评价也是颇高，这就加剧了李广的虚名。其实这并不难理解，草原上的游牧民族本就敬重那些弓马娴熟的好汉，而李广恰恰在这个方面是长项。而且那时的匈奴人还很少有谋略这样的概念，所以李广的弱点当然也就不在他们眼中了。但是被匈奴人当作英雄，除了给李广带来更大的麻烦之外，也没有什么别的用处。

总之，李广是一个被当时的舆论普遍高估的将领，由此引起他自己和周围人对他的评价严重不符。一个找不准自己人生定位的人，是很难获得成功的。李广难封，最根本的原因还在这里。

可是一个本来战绩平平的将领，为什么获得了诗人文士们如此多的赞赏呢？

这首先归功于司马迁的妙笔。在前面的篇章中，我们已经说过，《史记》是一部出色的史学作品，司马迁本人也是以尽可能客观的态度来写作这部史书。但是由于立场、价值观的不同，《史记》中也不可避免地表现出司马迁个人的一些情绪和价值判断。司马迁遭受宫刑之厄，恰恰是因为帮着李广的孙子李陵说了几句好话。这样的经历，不可能不反映到司马迁所写的史书当中。这不是说司马迁有意昧着良心说李广的好话，而是司马迁自然而然形成的一种价值倾向。

司马迁虽然在感情上倾向于李广，在李广列传中把李广的勇猛善射表现得淋漓尽致，但是司马迁毕竟具有史家的正直，在书中如实记录了李广的历次败仗，也把李广公报私仇、杀害俘虏等丑事揭露了出来。可是到了唐代边塞诗人那里，李广打的败仗、李广道德上的污点他们全都看不见了。在他们的诗中，只有一个威风凛凛却又不得志的李将军。边塞诗人这样做，固然是借此抒发自己的情感，但是另一方面，也是因为这些文人们并不懂得什么是真正的战争。文人们总是过分夸大将领个人的勇武在战场上的作用，所以我们才看到古代小说中经常出现的大将阵前斗武的情节。文人们偏偏又习惯于把战争想得过于简单，对于军事素养、战术指挥这样的问题，他们不了解也不想去了解。从某种程度上说，唐诗中的李广，只是诗人们自己虚构出来的一个角色罢了。

有意思的是，诗人文士们把李广视为英雄，而历代的著名将领们，夸赞李广的少，但是把同时代的卫青、霍去病当成楷模的人比比皆是。尤其是霍去病说过的那句“匈奴未灭，何以家为”以及他远征千里、封狼居胥的英雄事迹，更是让历代将领热血沸腾，也是他们不懈追求的目标。正所谓“外行看热闹，内行看门道”。历代将领们的态度，就是对李广军事才能的最有分量的评价。王维那句“卫青不败由天幸，李广无功缘数奇”恐怕不符合事实，所谓“李广难封”，其实是理所当然的事。

尴尬的武圣人关羽

我们中国的文化传统中，有一个“封圣”的习惯，就是把某一领域表现突出的人，封为“圣人”。比如说史圣司马迁、医圣张仲景、诗圣杜甫、画圣吴道子、茶圣陆羽……在众多的圣人当中，最有分量、最有影响力的无疑是文、武二圣。中国的文圣人，自然毫无疑义是孔老夫子，他被称为“万世师表”，是所有中国读书人都要敬重的人物，他的儒家思想，构成了几千年中华传统文化的主旋律。

比起孔子这个雷打不动的文圣人，与之相对的武圣人的名号，则如流水一般地变化。在西汉时期，军队出兵之前，要祭祀战神蚩尤。到了唐代，开始设置武庙，与孔子的文庙相对，由于孔子的封号是“文宣王”，所以武庙主神的封号是“武成王”，当时封的武成王是西周的太公姜尚。以后姜太公就一直扛着“武圣人”的名号。明朝时废除武庙，官方不再承认有武圣人。

到了清朝时，就把供奉关羽的关公庙称为武庙，关羽由此获得了武圣人的地位，并一直延续至今。当然，当代随着国学热的重新兴起，《孙子兵法》受到了广泛的重视，于是孙武就有了成为新一代武圣人的趋势。不过关羽毕竟有着强大的民间影响力，到现在为止，他还是海内外华人所共同尊奉的武圣人。比较有意思的现象是，挂着武圣人名号的关羽，其影响力却并不怎么表现在军事方面，反而是被武师、商人、手工业者、各种帮会当成了保护神，甚至在百姓家中享受财神的香火。

关羽本是汉末三国时期刘备方面的一员大将，他死后所受到的尊崇，却超过了所有和他同时代的人。借着《三国演义》等文学作品的巨大影响力，关羽的形象深入人心，成为人们心目中猛将的代表。但是历史上真正的关羽，是不是像小说中那样无敌于天下呢？

一　追随刘备，忠义无双

关羽，字长生，后改为云长，东汉河东郡解（今山西运城）人。东汉末年，因政治腐败，灾难横行，不堪忍受的农民揭竿而起，爆发了黄巾大起义。此时关羽离家在外谋生，在涿郡（今河北涿州）结识了汉朝皇室的远支后代刘备，以及涿郡当地豪强张飞。三人在涿郡召集部队，准备一起抵抗黄巾军。刘备以宗室身份，被推为领袖。从此以后，关羽就开始了自己跟随刘备打天下的历程，至死不渝。

民间传说和《三国演义》等小说中，都有“桃园结义”的故事，说刘备和关羽、张飞结为异姓兄弟，刘备是大哥，关羽行二，张飞排第三。正史中并没有这样的记载，但是明确地说明，刘、关、张三人“寝则同床，恩若兄弟”，而且张飞还把关羽当成自己的哥哥。由此可见，虽然正史无载，不过桃园结义的故事，恐怕也并不是空穴来风。

在民间，关羽的形象是身高九尺，金甲绿袍，面如重枣，卧蚕眉、丹凤眼，五缕长髯足有二尺长，飘洒胸前，长及腰带处，号称“美髯公”。关羽的武器是青龙偃月刀，胯下坐骑为赤兔宝马。关羽实际长相如何，史书上没有详细记载，可以知道的是“美髯公”这个称号是真的，因为关羽经常以自己的胡须为骄傲。青龙偃月刀是虚构出来的，原型是明朝时作为仪仗用的武器“掩月刀”。三国时期没有发明和使用马镫，骑兵在马上坐得很不安稳，只能靠双腿夹紧马腹才能不掉下马来。而长柄大刀重量太大，挥舞起来容易造成重心不稳，极容易落马。那时骑兵的主要武器是矛、枪或戟（并非小说中的方天画戟，而是戈和矛的混合体，整体呈“卜”字形），关羽的武器想必也不例外。

除此之外，关帝庙里的关公像，往往还拿着一本书在阅读。史书记载，关羽喜好读书，尤其爱读《春秋左传》，是一个有着读书人气质的武将。

关羽、张飞这两个人，是刘备集团中资历最高、忠诚度最高的元老级人物。无论刘备遭遇多大的挫折，所处环境多么窘迫，关、张这二人对刘备都是不离不弃。甚至有时因为兵败，关张和刘备暂时分离，互相都不知道对方下落的时候，关、张二人仍然奉刘备为主。在汉末三国军阀混战的情况之下，别的军阀遇到刘备这种情况，一般都是树倒猢狲散了。在刘备起兵早期，由于力量比较弱小，总是依附于实力比较强大的军阀。关、张二人，也因此被挖过墙脚，但是这两个人从不动摇，完全是跟定了刘备。这一方面说明刘备具有特殊的人格魅力，另一方面也说明关、张二人的忠诚和坚定真是举世无双。在汉末军阀混战到三国建立期间，从没有改换过阵营的武将是少之又少，关、张两人则是其中的翘楚。刘备集团能够屡次败而不垮，最终由小变大建立起三分天下有其一的蜀汉帝国，正是因为有以关、张为首的绝对忠诚于刘备的核心成员们。

关羽和张飞两人对刘备都是同样地忠诚，可是为什么人们一提起“忠义千秋”这四个字，第一个想到的是关羽，而不是张飞呢？这就是因为关羽遭遇的经历，比起张飞来，更能凸显其忠诚。

公元200年，曹操已经取得了“挟天子以令诸侯”的地位，成为北方地区最大的军事政治势力之一。此时北方另一个实力强劲的大军阀袁绍，与曹操之间的矛盾已经显现，双方的战争一触即发。刘备占据徐州，联络袁绍，准备一起夹击曹操。雄才大略的曹操自然要先下手为强，他利用袁绍优柔寡断的弱点，安排部分军队在北边防御袁绍，而自己则亲自带领精锐部队突袭徐州。刘备不是曹操的对手，被打得大败，仓皇逃走。张飞在乱军之中不知所踪，关羽负责看护刘备的家眷，又被曹操包围，只得暂时投降曹操。

《三国演义》把这一事件描写得细致入微。先是关羽中曹操计策，被围困在下邳（今江苏省邳州市）附近的一座土山上。关羽开始时不想投降，打算战死殉节。曹操爱惜关羽的才能，就派关羽的旧交张辽前往关羽军中劝说。张辽以各种理由劝说关羽，认为关羽如果战死，对刘备、对刘备的家眷以及他们兄弟匡扶汉室的理想都是一种损失。关羽被张辽说动，要求曹操答应他三件事，方可投降。三件事是：一、降汉不降曹；二、曹操要承诺照顾好刘备的家眷；三、若以后得知刘备的下落，就要辞别曹操，前往投奔。

曹操爱才心切，答应了关羽的要求。就这样，关羽投降了曹操，成为曹营中的一员大将。

关羽投降曹操，确有其事，但是否像《三国演义》中说的那么有戏剧性，则不得而知。关羽向曹操要求的三件事，就未必是真的。就说第一条，降汉不降曹，表面看来这是关羽心向汉室，可细想下来就觉得不对。刘备这一方一向是以汉室宗亲自居，称曹操是汉室奸贼。既然本身就是汉臣，那又何来“降汉”这一说？关羽若说降汉不降曹，那就是说自己之前一直是与汉室为敌的乱臣贼子，把自己和自己的主公的大义名分都剥夺了。那时的关羽尽管窘迫，不过也不至于犯这种原则性错误。

当然，不管《三国演义》的说法是否正确，总之关羽确实是投降曹操了。曹操对关羽也非常重视，封他为偏将军，给予很多的赏赐。《三国演义》上说，曹操为笼络关羽，极尽所能，使出了浑身解数，“三日一小宴，五日一大宴，上马一提金，下马一提银，”还把当年吕布骑乘过的赤兔宝马赠给关羽。可是虽然曹操费尽心机，但是关羽仍然时刻想念着刘备。

关羽投降曹操之后不久，曹操与袁绍之间的总决战就爆发了。袁绍派出大将颜良攻击曹操控制下的白马（今河南滑县东北），曹操派出张辽和关羽为前锋，前往救援。到达白马之后，关羽远远看到敌军阵中一员大将，正在麾盖之下耀武扬威，料定必是颜良。于是关羽策马飞奔，直冲进袁绍军阵之中，一下刺死颜良（从“刺”这个动作中可以看出，关羽的武器应该是矛或枪这一类刺击型武器），斩下首级而还。袁绍军失去大将，只好退军。由于关羽斩杀颜良，解了白马之围，曹操就上表请汉献帝封关羽为汉寿亭侯，关羽已经实现了当年名将李广终其一生也不得实现的封侯梦想。

但是经此一战，关羽从袁绍士兵那里也听说了刘备还健在，并且依附在袁绍阵营中的消息。关羽就把曹操给的赏赐封存，还留了一封辞职信给曹操，就带着刘备的家眷，前往袁绍控制的地盘找刘备去了。

其实曹操早已料到关羽会这样做。他曾经让张辽去试探关羽，看看他有没有心思留在曹操阵营当中。关羽说："我知道曹公很看重我，但是我深受刘将军（指刘备）厚恩，发誓同生共死，不能违背。我肯定是要离开这里的，但是走前会立大功以报答曹公。"等关羽斩杀颜良，解白马之围后，果然离开了曹操。有人劝曹操派兵追赶，曹操说："各为其主，由他去吧。"于是关羽重新回到刘备身边。

这是史书中的记载，而《三国演义》中描写得更为感人。首先是在关羽斩颜良之外，又加上了诛文丑的情节，夸大了关羽的战功（文丑是被曹操设计击败，死在乱军之中的，并非关羽所杀）。而在关羽离开曹操时，又通过"过五关、斩六将"的情节，描绘出了关羽的英勇，以及曹操既想留住关羽，又不想违背当初誓言的矛盾心理。

关羽在曹营的这一段经历，成就了他的忠诚美名，使得民间对他的评价超过了刘备阵营中的任何一员武将。另外，在民间传说中，关羽和曹操的恩怨并没有就此终结。赤壁之战后，曹操败走华容道，关羽受命前往截击，本来可以生擒曹操的，但是关羽感念当年的恩情，不惜身背杀头之罪，放了曹操一马。这样一来，对关羽的评价就不仅仅是“忠”，而且还要加上“义”了。“忠义千秋”的美名，也因此留传百世。

关羽在刘备阵营中也是屡立战功，成为刘备手下首屈一指的武将。后来，别的将领都跟着刘备去东征西讨，只有关羽被刘备任命为镇守荆州、独当一面的大将。这说明，在刘备眼中，关羽不仅是蜀汉阵营中能力最强的大将，同时也是最值得信任的将领。

公元前220年，孙权派吕蒙袭取荆州。关羽兵败被俘，荆州被孙吴夺取。据说孙权素闻关羽威名，也有心招降关羽，可是关羽宁死不屈，拒不投降。孙权的谋士也以当年关羽投降曹操的事情来提醒孙权，关羽绝不可能投降，还是杀掉省事。于是孙权下令，斩杀了关羽及其长子（《三国演义》中认为是义子）关平。

关羽至死都没有背叛刘备，无愧于人格品德上的楷模。最后败走麦城的悲剧性结局，更使得无数人为之哀痛。于是，人们把自己的这种情感，灌注于各种传说之中，塑造出了一个既忠诚又勇猛的关羽形象。

二　屡立战功，蜀汉栋梁

关羽在“忠”“义”这两方面都堪称楷模，不过只是有忠义这样的品德，却不够格成为武圣。能被封为武圣人，主要还是要看战功。

关羽作为刘备阵营排名首位的武将，自然是功勋卓著的。但是民间印象中的大将关羽，和史书记载中的是大不相同的。

在以《三国演义》为代表的民间形象里，关羽是百战百胜的大将，武功高强。手中的青龙偃月刀，不知斩杀过多少敌方的名将。对关羽的那些战功，也多是如此描述：关公带领大军出战，敌军来迎。两军列阵，敌将出马，耀武扬威，但是丝毫入不了关二爷的法眼。关公策马前冲，与敌将交战，一两个回合之内，手起刀落，斩敌将于马下。后面大军，欢声雷动，一起向前，敌军大败。

这样的桥段，在各种演义小说中十分常见，以致有些不明就里的人真的相信这就是古代战争的一种模式。很多人还津津乐道于比较这些武将谁的武功最强，打败过的对手最多。

其实，笔者可以负责任地告诉大家，这样的战斗方式，只是一些说书唱戏的艺人虚构出来的场景，而不是古代战争的实际状况。当然，这种虚构并不是全无根据，我们也不能简单地就断定这种大将阵前斗武的打法就一定不存在，不过这种情景即使有，也是很少的，而且往往是因为一些特殊情况而发生，不具有普遍意义。古代的战争，除攻守城池之外，在我们通常所说的野外会战中，也有猛将冲击敌阵这样的打法，不过这更多的是双方对对方实力的一种试探，往往并不具有决定战争胜负的意义。冲阵时，也不是某个大将孤零零一个人去乱闯，否则岂不成了傻子。即使再勇猛的武将，担任冲击敌阵任务时，也会带着部队一起行动。战场上也会有敌我双方大将斗武的情况，但那也是发生在军队混战之中。两员大将阵前比武，双方几万大军就这么干巴巴地看着，只负责呐喊助威，这也确实太过于儿戏了。

除去这些只能在戏台上演出的桥段，我们再来看看这位武圣人关二爷，都是怎么打仗的。

刘备起家初期，实力弱小，手头上也没有多少军队，这样也就没什么兵可以让关羽和张飞带。关羽、张飞这个时候的身份，就相当于保镖，时刻不离刘备左右。

公元195年，徐州牧陶谦临死前将徐州交给刘备，这样刘备才有了自己的根据地。刘备命令关羽驻扎在下邳，刘备自己屯兵小沛。从此，在刘备集团中，就形成了这样一种惯例：一旦需要分兵的时候，刘备自己率领主力部队，而起辅助作用的另一支部队则交给关羽统率。后来关羽被曹操俘虏，再次回来追随刘备，仍然是刘备集团的第二号人物。

随着曹操逐一消灭北方的割据势力，中原的形势渐趋稳定。刘备屡次败给曹操，在北方已经无法立足，就来到了刘表治下的荆州。

公元208年，曹操南下攻打荆州，荆州望风而降。刘备准备渡江暂避曹操大军，他自己率领陆军，带着愿意跟随他的十几万百姓从陆路逃走，而让关羽统率精锐的水军部队，约定一起到江陵会合。路上，刘备被曹操的先锋部队追上，在当阳、长坂等地被杀得大败，幸好关羽的水军及时赶到，把刘备接到了夏口，暂时躲开了曹操。

赤壁之战中，孙权和刘备联军抵抗曹操。按照《三国演义》的记载，抗击曹操的主要是孙权的军队，而刘备的军队只是在曹军已败时出击，抢夺胜利果实而已。但是各种史料都显示，刘备的军队是和孙权军队并肩作战的，虽然两家并没有统一指挥，但是刘备的军队也并不仅仅是摘桃子的那个角色。此时刘备有两万人左右的军队，归关羽指挥的就有一万人。在赤壁之战中，关羽的部队也发挥了重要作用。

赤壁之战后，刘备抢占荆州地盘，亲自带军队去攻打长江以南的四个郡，而安排关羽在江北驻守，防备曹操部队来袭。公元 211 年，刘备西入四川，准备攻取蜀地，留关羽、张飞和诸葛亮等驻守荆州。但是在作战中遭遇了一些挫折，刘备于公元 213 年调诸葛亮、张飞、赵云入蜀，把驻守荆州的任务完全交给了关羽。

东汉荆州治下本有七个郡，经过赤壁之战以后，曹操占据了长江以北的南阳郡和南郡的一小部分，后来又从这里分出了襄阳郡和章陵郡；孙权得到了江夏郡和南郡的一大部分；刘备夺得了长江以南的桂阳、长沙、武陵、零陵四郡。表面看来刘备占的地盘最大，但当时南方地区开发程度还比较低，刘备占据的四个郡都是比较荒凉的地方，不足以当作根据地。后来刘备提出和孙权借南郡来作为自己的基地，孙权拒绝过几次之后，最终还是答应了。这就是传说中的“借荆州”，其实借的只是南郡（而且是一部分）而已。

关羽镇守荆州期间，屡屡遭到孙权方面的挑衅和威胁。关羽则针锋相对，甚至不惜诉诸武力。有关羽在荆州驻守，刘备有了一个稳定的大后方，才能专心攻打蜀地益州。

公元 219 年，刘备从曹操手中夺取益州北面的汉中，从此跨有荆、益两州，刘备集团的势力发展到顶峰。在下属们的拥戴下，刘备自立为汉中王，封关羽为前将军，也就是民间常说的蜀汉“五虎上将”之首。同时，刘备还给了关羽“假节钺”的权力，也就是拥有替君主出征之权。

关羽受封之后，就出兵北上，攻打被曹操占据的樊城、襄阳等地。樊城守将曹仁向曹操求援，曹操派大将于禁为正，庞德为副，出兵救援樊城。

于禁的援兵到达樊城之后，与关羽对峙。此时已经是秋天，大雨连绵，汉水上涨。关羽利用这个机会，在汉水上设坝储水，然后趁水势高涨之时，放水淹没了于禁的部队。于禁所统率的北方精锐七军（这时的军到底是个什么编制，不得而知）全军覆没，关羽趁机发动总攻，于禁被迫投降。大将庞德誓死不降，被关羽斩杀。

在关羽水淹七军的时候，还有一个流传很广的“刮骨疗毒”的故事。关羽在作战时，被曹军的弓箭射中。回来包扎时，医生发现箭头有毒，已经深入骨头上了。只有剖开皮肉，用利刀刮掉骨头上的毒，才能保证痊愈。关羽就把手臂伸出来，让医生随意处理，而他自己则设宴与诸将士对饮。这边医生动手术，鲜血淋漓，流了一大盆。可是关羽这边谈笑自若，丝毫没有疼痛的表情，和将士们喝酒吃肉，就像什么也没发生一样。关羽在这里所表现出来的勇敢、坚毅，简直已经超出人类理解范围了。

《三国演义》中对这个故事进行了进一步的描写，把给关羽治病的医生说成是神医华佗，以此突出名医与名将之间的惺惺相惜，使得这个故事更有传奇色彩。不过华佗早在赤壁之战以前就已经被曹操杀了，所以这个给关羽刮骨疗毒的医生肯定不是华佗。

消灭于禁的部队之后，襄阳、樊城已经成为孤城。关羽的这一场胜利使得中原地区都为之震动。很多依附于曹操的小股势力都产生了动摇，纷纷接受关羽给他们的封号。这样一来，曹操本人也坐不住了，准备往北面迁都，暂避关羽的锋芒。一时间，关羽之名威震华夏，这位威风凛凛的大将军，达到了自己军事生涯的顶峰。

不过曹操的谋士们看出关羽已经是强弩之末，就劝曹操不必急着迁都，而是暗中联络孙权，鼓动孙权出兵攻打荆州。而在樊城方面，有名将曹仁、徐晃等人驻守，足以抵挡关羽。

果然，关羽围困樊城，屡攻不下。孙权那边被曹操的使者挑动，也决定趁此良机夺取荆州。于是孙权派大将吕蒙，率军出击。

吕蒙先是联络了荆州军中对关羽不满的糜芳、士仁（演义小说中称作“傅士仁”）等将领，得到荆州防御的大致情况。随后在公元219年冬天，趁着关羽在外作战、荆州空虚之时，暗中渡过长江，袭取了江陵，荆州军大部分将士的家属，都被吕蒙俘获。

消息传到前线，关羽的军队全无斗志，只好撤军。吕蒙猜测关羽肯定会走麦城小路，就在此设伏。于是，关羽在突围时为吴将潘璋所擒，随后被杀。传奇将军的一生，至此终结。

纵观关羽的一生，为了刘备集团的发展，可称忠心耿耿。虽然关羽并没有活到刘备称帝之时，但是他也为刘备成就帝业，立下了大功，可称蜀汉政权的栋梁。而且关羽在刘备集团的地位非常特殊，是仅次于刘备的第二号人物。人们受各种传说的影响，总有一种印象，刘备集团的二号人物是诸葛亮，关羽只是和张飞等人并列的一个武将罢了。其实不然，至少在关羽在世时，诸葛亮的地位从来也没有超过关羽。关羽是刘备所信任的、可以独当一面的大将，他的死，是刘备集团的重大损失。以关羽兵败身亡为标志，刘备集团停止了积极扩张的势头，刘备开始从自己事业的辉煌顶峰跌落。

三　虽为雄杰，并非翘楚

在蜀汉政权建立的过程中，关羽毫无疑问是顶梁柱的角色。关羽的地位之尊崇，我们也在前面这一节中说得很清楚了。如果说蜀汉阵营中的其他武将，身份最多相当于一个军团司令的话，那关羽就是一个方面军司令，甚至是军区司令。而且刘备这个集团，在极盛时期也不过分为两大军区：益州军区和荆州军区，关羽作为荆州军区的统领，俨然是蜀汉政权的半边天。

关羽的地位之重要，自不必再多说了。可是地位重要，是不是就意味着才能突出呢？

关羽、张飞二人，都是三国猛将的代表，可是在民间形象当中，关羽是智勇双全，张飞则是粗鲁直率。当然，《三国演义》中也有很多张飞粗中有细、善于动脑的描写，不过“猛张飞”的形象还是深入人心。因此，张飞的能力不如关羽，似乎是理所当然的。既然张飞都比不了关羽，那么刘备阵营中的其他武将们，自然更排不上号了。

评价武将的能力强弱，看战功无疑是最好的标准。说起关羽，虽然也是战功赫赫，不过总给人一种很别扭的感觉。

在刘备起兵早期，关羽跟在刘备身边，除了护卫左右之外，说不上有什么功劳。后来刘备得到了徐州，关羽开始获得方面军大将的地位，不过表现也是中规中矩。关羽第一次在战场上立大功，就是斩杀袁绍大将颜良，不过这是关羽投降之后，为曹操立的战功，虽然因此被封为汉寿亭侯，成为刘备阵营中封侯第一人（除刘备以外），但毕竟是敌人给的爵位，总有些不伦不类。

驻守荆州期间，关羽统率的一万水军，曾经救过刘备的命。赤壁之战时，关羽也参加了对曹作战。可是史书上对于这些事迹都是一笔带过，没有详加描述。此时关羽作为统率一方的大将，这些事情也是他分内的职责，说不上有什么出彩的地方。

随后刘备入川之战，关羽没有参加。镇守荆州期间，也是守城为主，除了应对孙权的几次挑衅之外，没有什么特别的建树。关羽最辉煌的战役就是水淹七军，俘虏于禁，斩杀庞德。但是随后没能完成攻克樊城的战略计划，反而被孙权抄了后路，最后兵败身死，荆州也丢给了孙权。这样看来，关羽立的那点功劳，似乎还比不了他给蜀汉政权造成的损失大。

而且，关羽驻守荆州期间的一些做法，也确实让人诟病。刘备平定益州时，原来的凉州军阀马超前来投奔。马超号称世代将门，又曾经是一路大军阀，素来以勇猛著称，名声很大。关羽就写信给诸葛亮，问马超这个人的水平怎么样，可以和谁类比。诸葛亮当然知道关羽是什么心思，就回信说："马超这个人文武全才，雄略过人，可以和张飞等人并驾齐驱。不过还是比不了美髯公您的超群绝伦啊。"关羽收到信以后很高兴，还把这封信展示给大家看。关羽骄傲自负、极喜欢被奉承的特点，表露无遗。

后来刘备自立为汉中王，封了前、后、左、右四员大将（传说中的"五虎上将"中，赵云并未入选），关羽为前将军，排名首位，可是当关羽得知老将黄忠也被封为后将军、与自己并列时，勃然大怒，说："大丈夫怎能与一个老兵同列！"甚至不想接刘备的旨意。幸亏刘备派去传旨的费诗很有舌辩之才，用一番言语，讲明大义厉害，既奉承又威胁，终于把关羽劝住了，老老实实接受了封号。

关羽这种自负的性格，如果只是在自己集团内部发作，那还有调解的余地。可是关二爷的脾气一上来，哪管对方是什么人，天王老子他也不放在眼里。

当时孙权还和刘备处于结盟状态，虽然在荆州问题上屡屡挑起事端，但是面子上的事情总还过得去。孙权屡次讨要荆州无果，就想拉拢关羽，争取使这个荆州实力派能跟自己更亲近些。于是孙权派人去和关羽提亲，打算让自己的儿子娶关羽的女儿为妻。一国之主来找镇守大将结亲，也算是够给关羽面子了，谁想关羽不领情不说，反而辱骂使者。使者回报孙权，孙权大怒，从此十分憎恨关羽。

很多人都以这件事作为关羽缺乏政治眼光的表现，更有甚者，认为这样的举动是破坏孙刘联盟的导火索。其实，关羽拒婚这个事，也不能说全错。作为镇守一方的大将，最怕别人说自己搞独立小王国什么的。虽然刘备对关羽信任有加，但是涉及权力纠纷，也不可能不有所提防。孙权求婚，其实也有拉拢关羽，使之脱离刘备集团的目的。而且，即使孙权没有动这些歪心思，可是娶关羽的女儿回东吴当儿媳妇，这在关羽眼中哪是结亲，分明是想要人质。一旦答应，将来孙权万一以女儿来要挟关羽，要求归还荆州，关羽的处境必然十分尴尬。

虽然关羽的拒婚之举情有可原，但是手段方法上未免过分。荆州本就面临曹操与孙权夹击的危险，这个时候在外交方面更应该谨慎。不同意结亲可以，婉言拒绝难道不行吗，为什么一定要出口骂人呢？你骂的是一国之君的使者，就等于是直接辱骂君主本人，这完全是激化矛盾而不是缓和矛盾的做法。以形势来看，孙刘联盟之间的矛盾不可调和，早晚都要散伙。可是凡事都有轻重缓急，在刘备集团以曹操为主要对手的情况下，尽可能地保持和孙权的友好关系，延缓双方翻脸的时间，这才是高明的战略。关羽却在这个关键问题上犯错，不仅没能缓和孙刘两家的关系，反而使之更加紧张。这是关羽本人自负的性格使然，同时也说明关羽作为一方大将，缺乏长远的政治眼光。

关羽固然给刘备立下不少功劳，可是他犯的错误，也是致命的。

即使论战功，关羽也不一定比其他的将领们更高。论资历，张飞和关羽相同，只是年龄比关羽小，所以尊关羽为兄。在刘备兵败当阳时，张飞负责为刘备断后，以二十名骑兵布疑兵阵，又亲自据守当阳桥，曹军不敢追赶，这才为刘备争取到了逃跑的时间。后来在刘备入川期间，张飞与诸葛亮分率部队进军，张飞一路夺取多座城池关隘，还生擒并招降了刘璋方面的大将严颜。刘备平定益州之后，与曹操争夺汉中。张飞在巴西郡大败曹军名将张郃，立下大功。刘备的另一员大将黄忠，在平定益州和夺取汉中的过程中，也屡立功勋，尤其是在定军山一战中，击斩曹军中资历极老、声望极高的大将夏侯渊。这些功劳，其实并不比关羽差。除了这两人之外，像赵云、魏延这样的将领，也都立过大功，只是资历上不及关羽，论才能，未必在关羽之下。

如果再把眼界放在刘备阵营之外，我们会发现，即使同在三国时代，关羽的才能最多可称上乘，却称不上翘楚。曹操方面的张辽、徐晃等将领，都是一时之雄。张辽驻守合肥，防备孙权，曾经在逍遥津一战中，以数千兵马击败孙权十万大军；徐晃帮助曹仁守卫江陵，使关羽一筹莫展，甚至一度逼其退兵。孙权方面更不必说，周瑜指挥了著名的赤壁之战；吕蒙用奇袭之法夺取荆州；陆逊深通谋略，在夷陵击败刘备的大军，还屡次打败南犯的曹魏军队。这些将领，论起才能，都不在关羽之下。但是他们当中，无论是谁，都没有获得关羽死后的那种殊荣。

四　得封武圣，生前难料

关羽被封为武圣人，其实是很尴尬的一件事。因为我们已经说过了，若论才能，关羽在同时代的人当中，都算不上顶尖的，更何况在中国几千年的历史当中，比关羽更有资格当武圣人的，实在数不胜数。

首先说资历。周武王灭商的功臣姜尚姜子牙，被后世尊为兵法阴谋权术之宗，很多古代兵书都假托姜太公的名号。在这方面，关羽是无论如何也比不了的。

其次说能力。在用兵打仗方面，比关羽更强的人实在太多了。白起、韩信这两个人，都可称得上是用兵如神，一生从无败绩，而且打的还都是大胜仗。和这两个人相比，关羽打的那些仗，实在是不值得称道。除了这两人，还有先秦的乐毅、李牧、廉颇，秦朝的王翦、蒙恬，西汉的周勃、卫青、霍去病，东汉的邓禹、马援，隋朝的韩擒虎、贺若弼，唐朝的李靖、苏定方、郭子仪、李光弼，宋朝的岳飞、韩世忠，明朝的徐达、常遇春，等等。我们在这里只是简单地举一些例子，并不能涵盖全部。如果从中国历史上选出一百名善于用兵、战功赫赫的将领，恐怕凭关羽的能力，都很难入选。

再次说品德。有种观点，认为关羽虽然能力不强，但是其品德高尚，忠心不二，我们以他为武圣人，更多的是看中他所代表的精神。这种说法确有道理，但实际上关羽在品德上也未必那么过硬。史书上说，关羽善待士兵，却不尊敬士大夫，而且关羽其人傲气太重，过于自负。若论品德，关羽总也比不了精忠报国却含冤而死的岳飞吧！

最后再说军事理论建树。这方面，关羽的成绩为零。且不说写出闻名中外的《孙子兵法》的孙武，中国历史上有那么多武将都写下了兵书战策，关羽这个号称文武双全的武圣人，却没有留下片纸之字，岂不尴尬？

说来说去，好像是我们有意在挑关羽这个武圣人的毛病。其实，关羽被封为武圣人，是一种有趣的文化现象。历史上的关羽，虽然只是一个平淡无奇的武将，但是变成一个文化符号的关羽，早已和历史上的关羽分离，具有了特殊的意义。

民间祭祀关羽的传统，在很早就有。魏晋时期，关羽、张飞之名就常被用来当作猛将的代称。荆州地区的百姓有祭祀关羽的习俗。当然，这种习俗和蜀地祭祀诸葛亮的习俗有相似之处，都是纪念那些值得尊敬的人物。一直到唐代，唐肃宗仿照文庙的体例设置武庙，以姜太公为武成王，下设十哲、六十四贤。关羽只能名列六十四贤之一，是无足轻重的角色。唐朝是武功极盛的朝代，对将领的军事才能最为看重。而唐肃宗时唐朝正面临内忧外患，急需有才能的将领挺身而出。这样武庙的设置无疑就给武将们树立了一个人生标杆，那就是唯才是举，以战功来衡量武将的价值。

到了宋朝，情况发生了变化。宋代是中国历史上第一个正式实行文贵武贱、压制武将、歧视军人政策的朝代，强调皇权对军权的控制，强调武将要听话，要忠于皇帝。在这样的大环境下，对关羽的祭祀开始走出民间，得到了统治者的重视。宋朝的皇帝亲自给关羽送上封号，使得生前爵位只是“侯”的关羽，先后有了公和王的称号。皇帝看中的，无疑是关羽的“忠”，并且他们还有意把这种“忠”进行了无限放大。关羽的形象也开始逐渐进入佛教、道教的信仰体系。

元朝时，统治者也有祭祀关庙的举动，关羽信仰继续在民间流传。

明朝统治者也实行文贵武贱的制度，关羽在这个时代继续得到册封，称号由“王”变成了“帝”，甚至是“圣”。而且由于明朝取消了官方的武庙系统，祭祀关羽的关庙，就开始有取代武庙的趋势。

清朝时，关羽信仰已经十分发达。统治者顺势而为，将关庙升格为武庙，正式确立了关羽的武圣人地位。其实，与关羽信仰并行的，还有对其他武将的信仰，比如南宋抗金名将岳飞。但是清朝前身为后金，满洲人也自称是金朝女真人的后代，所以从政治上岳飞就根本没有当武圣人的可能了。

关羽能成为武圣人，还得益于民间对他的认可。历史上那些名将们取得的赫赫战功，在一般老百姓眼中，最多不过是平时的谈资罢了。可是关羽在曹营数年始终不曾动摇，最后还是义无反顾地追随刘备，这个事情可比那些杀敌无数的大战役更能吸引人。统治者在这件事上看到的固然是关羽对刘备的忠心，而老百姓更多地看到的则是关羽的重义、诚信。再加上后来的华容道放走曹操的桥段，无疑进一步夸大了关羽的义薄云天。商人、帮会为什么会崇拜关羽，就是因为关羽重诺守信，又讲义气。

唐朝时设立的以姜太公为武圣人的武庙，只是为官方所认定，没有得到民间的支持，所以时间一久，就没有什么生命力了。而关庙后来居上，在强大的民间支持下，取代了武庙的地位。这有点像当代娱乐节目搞的各种网络海选，得到民间支持最多的才能当选。可以说，正是经过了民间的海选和官方的承认，关羽才坐上了武圣人的宝座，成为和孔子并肩而立的另一位圣人。

遗憾的是，这个武圣人的确立，与“武”的关系已经不大了。假如关羽地下有知，看到千年之后自己居然以这种方式得以和孔子分庭抗礼，不知该作何感想？恐怕以关羽之傲气，也会哭笑不得吧。

智慧化身武乡侯

如果在中国古代的历史人物中寻找一个代表完美的人，那很多人一定会选择诸葛亮。在各种民间文学中，诸葛亮无疑是三国时期首屈一指的人物，他不仅谋略出众，而且品德高尚，深受人民爱戴。千百年来，诸葛亮的故事广为流传，不仅民间将其视为无所不能的神人，而且知识分子、政治家们也都把诸葛亮作为楷模。在我们的传统文化中，“诸葛亮”三个字已经不仅仅是一个人的名字，而且成为智慧、才能的符号。

诸葛亮是三国时期颇有人气的角色，在各种文艺作品中，诸葛亮被描述成无事不知、无事不晓的智者。小说中的诸葛亮不仅用兵时智计百出，而且在很多场合还有呼风唤雨的本事。诸葛亮的能耐太大了，给人感觉都不像个人，倒像个妖怪。诸葛亮的名气也很大，不仅中国人很尊敬他，就是在我们的邻居日本、韩国等，诸葛亮也是大名鼎鼎、“粉丝”众多。可以说，在三国时期的人物当中，诸葛亮的影响力仅次于关羽，甚至在某些方面还超越了关羽。

在众多关于诸葛亮的传说之中，哪些是真、哪些是假呢？

一　南阳卧龙

诸葛亮祖籍山东诸城，“诸葛”这个姓氏，据说就是“诸城葛氏”的意思。诸葛亮家也是累世为官，但是诸葛亮的身世有点凄凉。诸葛亮生于公元181年，字孔明，号卧龙。他三岁丧母，八岁丧父，跟随叔父诸葛玄一起生活，辗转来到了刘表控制下的荆州南阳郡。诸葛亮这一辈有兄弟三人，大哥诸葛瑾，早早就到东吴孙家那里去求发展了，弟弟叫诸葛均。叔父诸葛玄病死之后，诸葛亮就带着诸葛均一起在荆州的南阳郡耕田读书。

当时的荆州地区，因为远离战火纷飞的中原，再加上刘表这个人也颇有政治才能，实行比较宽松的文化政策，所以很多读书人都到荆州来避难。诸葛亮因此结交了不少当时的天下名士，并互相切磋、研究学问。当时和诸葛亮经常往来的，有司马徽（水镜先生）、徐庶、庞统等人。

在南阳期间，诸葛亮熟读古书，有了丰富的知识积累。同时关注天下大势，又常常和朋友们指点江山，这就使得诸葛亮具备了敏锐的政治眼光和优秀的谋划水平。尤其重要的一点是，凭借着名士之间的口耳相传，诸葛亮“南阳卧龙”的名号也传扬开来，引起了一些割据势力的关注。

诸葛亮经常与好友徐庶、崔州平等人探讨学问，并以管仲、乐毅来自比。很多人都觉得诸葛亮太狂妄了，但是他的好友们很认可他。

还有一个人也很欣赏诸葛亮，就是当地名士黄承彦。诸葛亮当时还没有结婚，黄承彦就对诸葛亮说：“听说你还没结婚，我有一个女儿，论才华与你十分相配，但是长得就寒酸了一些，皮肤黑、头发黄，不知你是否愿意？”诸葛亮听说有这样一个才女，马上就答应了这门亲事，把黄氏娶了过来。乡邻们把这件事当成笑话，还编顺口溜讽刺诸葛亮：“莫作孔明择妇，正得阿承丑女。”可是诸葛亮自己并不在意。

官渡之战以后，曹操基本统一了北方，刘备在中原地区也没有了落脚之地，只好南下荆州投靠刘表。刘表这个人，政治才能倒是说得过去，可是军事才能简直就是不及格了，而且胆子还小。他知道刘备是个人杰，一方面害怕刘备会抢了自己的基业，另一方面又想利用刘备抵挡北方曹操的威胁。在这两难的矛盾心理之下，刘表便让刘备屯驻在荆州背面的新野，以此作为阻挡曹操的屏障。

刘备在中原地区奔波转战半生，最后却落得无立锥之地。在荆州寄人篱下，也让刘备十分郁闷。刘备当然看不上小小的新野，可是下一步要怎么发展，整个刘备集团没有人能够给出一个答案。刘备也意识到自己转战多年却屡屡不得志，主要原因就是没有一个出色的人才能为他进行战略筹划。而荆州正是人杰地灵之处，于是刘备就留心结交当地的人才。

很快，刘备就得到了徐庶的辅佐。徐庶的才能深得刘备信任，使刘备觉得自己终于得到了一个可以作为依靠的人才。但是徐庶告诉刘备，自己的才能算不上特别出众，真正的人才是卧龙诸葛亮。

刘备求贤若渴，就想请诸葛亮出山辅佐。徐庶却对刘备说，诸葛亮是天下奇才，不是简单的一封书信就能请来的。刘备要想得到诸葛亮的辅佐，就应该亲自前往卧龙岗，去请诸葛亮出来。

刘备欣然应允，于是就发生了历史上著名的“三顾茅庐”的故事。

“三顾茅庐”在史书上记载得很简单，但是在文学作品中就显得很有戏剧性了。刘备第一次去卧龙岗，只见到了诸葛亮的书童。刘备报上自家名号：汉左将军宜城亭侯领豫州牧皇叔刘备前来拜访。小童说你这人的名字怎么这么长？我记不住。刘备就收起炫耀的心思，只说刘备来访。小童就说，先生出去游玩，不在家，让刘备下次再来。这一顾茅庐，没能见到诸葛亮，刘备很遗憾，张飞却很愤怒，觉得自己的大哥被诸葛亮怠慢了，就想强请诸葛亮出来，不过被刘备劝阻。

刘备做好准备之后，第二次来见诸葛亮。这一次倒是见到了诸葛先生，不过不是诸葛亮，而是诸葛均。

两次都没能见到卧龙，刘备也不气馁，而是第三次又去卧龙岗。这一次诸葛亮在家，却在睡大觉。刘备就在门外等候，丝毫不敢打扰。直到诸葛亮睡到自然醒，两人才开始谈话。这一谈，就使得刘备有久旱逢甘霖的感觉。在草庐之中，诸葛亮向刘备分析了当前的形势，提出了刘备集团今后的战略方向，这就是历史上有名的《隆中对》。

《隆中对》的原文，我们不再原话引用，只是简要说说其主要内容。诸葛亮告诉刘备，北方的曹操掌握住汉献帝以后，大义名分到手，已经消灭了北方的很多割据军阀，现在势力大得很，我们不能和他硬碰；东边的孙权，已经在江东统治了三世，有长江天险，而且得到了当地豪强的支持，这个势力，咱们可以争取和他合作，但是不能贸然对抗。荆州是个战略要地，人口多，经济条件好，正是可以大展身手的地方；西边的益州，沃野千里，易守难攻，是帝王的基业，当年汉高祖刘邦就是在这里成事的。如果我们能把荆州搞到手，再向西发展夺取益州，就能取得一个稳固的根据地，成为三分天下中的一方力量。然后我们励精图治，积蓄力量，等待时机成熟，就派出一个大将从荆州出发，直取洛阳；而您则亲自率领部队从益州出发，攻打关中地区。这样，曹操的势力就能被消灭，汉室也就可以复兴了。

虽然这个《隆中对》在历史上也遭到了很多质疑，但是总的来说，这是一个很高明，而且十分可行的战略计划。我们知道，刘备很早就起兵，前半生颠沛流离，屡战屡败，始终没有取得一个合适的根据地。眼看着曹操逐渐统一了北方，刘备在中原地区连立脚的地方都没有，只好南下依附于刘表。刘备和诸葛亮见面的时候，正是刘备最彷徨、最迷茫的时候，而诸葛亮给他的这些建议，确实有拨开云雾看青天的感觉，刘备终于知道自己将来的路要怎么走了。

即使我们在今天看来，《隆中对》都是十分高明的。诸葛亮很好地分析了天下形势，指出曹、孙两家势力已成，暂时是无法和他们抗衡的。而荆州的刘表和益州的刘璋，相对而言从势力到能力上都不及曹、孙两家，正所谓柿子专拣软的捏，这是留给刘备最好的一块地盘，同时也是当时汉室天下的最后一块可用的地盘了。所以说，诸葛亮的这个建议，是抓住了问题的要害，解决了刘备当前最紧迫的问题。至于夺了荆州、益州之后能不能北伐中原，这个已经是远期规划了，要看那个时候的具体情况再说。当然我们知道，诸葛亮这个两路出击北伐中原的计划最后没有实现，但是责任并不在《隆中对》上，计划总是赶不上变化嘛。

《三国演义》等书中，都把《隆中对》的意义看得很高，说诸葛亮“未出茅庐，先知三分天下”，仅仅这个《隆中对》就可以称得上是诸葛亮的第一份大功。从刘备集团的发展来看，这个《隆中对》也确实意义重大。经过诸葛亮的点拨，刘备终于看清了自己的未来，因此也就对诸葛亮的才能十分敬佩，于是请诸葛亮出山。

就这样，诸葛亮走出草庐，结束了隐居生活，加入了刘备集团，成为刘备的军师，为其筹划方略，并最终建立了“三分天下有其一”的蜀汉政权。

三顾茅庐的故事，发生在公元 207 年到公元 208 年。诸葛亮出山的时间，则是公元 208 年春。这个时候，诸葛亮刚刚二十七岁，而刘备已经四十七岁了。这样一个年近半百、征战半生、被无数人誉为“枭雄”的一方军阀，却能被一个不到三十岁的毛头小子折服，足见诸葛亮的过人之处。

总之，公元 208 年，诸葛亮的政治生涯开始了。此后他会用自己毕生的精力去建设蜀汉政权，以至于“鞠躬尽瘁，死而后已”。

二　智计百出的军师

在《三国演义》等小说中，诸葛亮出山，标志着刘备的倒霉人生开始出现转机，刘备集团的春天也跟着来了。

话说诸葛亮出山之后，刘备非常兴奋，成天跟人说自己是如鱼得水。诸葛亮也展示了他的政治才能，帮刘备把内政管理得井井有条，而且还给刘备重新训练了几千的士兵，增强了刘备的军力。

诸葛亮受到信任，刘备集团的元老重臣们感觉受到了冷落，尤其是关羽、张飞两人，颇有不服之意。恰在此时，北方的曹操得知刘备访得诸葛亮，扩军备战，志向不小，于是就想派出部队去试探一下。大将夏侯惇自告奋勇，率军十万，来攻打新野。

听闻曹操派军来攻，关羽、张飞很兴奋，他们觉得自己立功劳的机会又来了，于是去向刘备请战。恰好诸葛亮正在刘备身边出主意，张飞看到诸葛亮，火气就上来了，他气哼哼地跟刘备说："大哥总说'如鱼得水'，如今曹兵来了，何不让'水'去迎敌？"刘备呵斥张飞，让他听诸葛亮的命令。为表示对诸葛亮的信任，刘备还把自己的印信都交给诸葛亮。

诸葛亮当即订下计策，以火攻的办法击退曹军。他安排赵云、刘备为诱敌部队，关羽、张飞负责放火。而刘备阵营的其他将领，也各有任务。最后，诸葛亮甚至连庆功宴都安排好了。

关羽、张飞虽然对诸葛亮不服气，但是大敌当前，他们自然不会搞内讧，于是就按照诸葛亮的安排去做。结果在博望坡一把大火，果然烧死了夏侯惇大半人马。曹军败退，新野的威胁解除了。

经过这一战，刘备手下的人彻底服了诸葛亮。关羽、张飞也不再说风凉话了，踏踏实实地听从诸葛亮的调遣。

博望坡之战后，曹操准备派大军攻打荆州，一举扫平南方的割据势力。在大军压境的局面下，诸葛亮建议刘备夺取荆州，然后以荆州为基地抵抗曹操。可是刘备碍于与刘表的同宗之情，不忍下手，只想离开新野，到江陵暂避锋芒。临走前，诸葛亮又用一把大火，在新野烧退了曹仁率领的曹军先头部队。

此时刘表已经病死，幼子刘琮继位，直接向曹操开城投降。曹操得了荆州之后，立即派骑兵追击刘备。

刘备在逃跑的路上得知曹军追来，可是他们带着新野的十几万百姓，行军速度太慢。刘备就派诸葛亮和关羽去江夏向刘表长子刘琦求助。

关羽和诸葛亮走后不久，刘备就被曹军骑兵追上。一场厮杀，刘备大败，连妻子儿子都差点丢了。不过好在关羽和诸葛亮带着援军及时赶到，救了刘备。随后刘备一行人就暂时去江夏躲避曹操。

此时江东孙权方面，也得知曹操大军南下的消息，于是派鲁肃出使江夏，探听刘备的动向。诸葛亮则趁此机会，跟随鲁肃前往江东联络孙权。

在江东，诸葛亮先是和孙权手下主张投降曹操的谋士们辩论，通过“舌战群儒”，打击了孙权手下的投降派。随后在与孙权的交谈中，巧妙运用激将法，坚定了孙权的抵抗信心。而诸葛亮最重要的外交活动，则是说服周瑜。

孙权虽然决定抵抗曹操，但是投降派们仍然不时游说孙权，使孙权有点举棋不定。这个时候，周瑜从外面赶回，孙权最为信任周瑜，所以周瑜的意见，将决定江东集团最后的走向。

诸葛亮在鲁肃的引见下，连夜拜访周瑜。周瑜本来也拿不定主意，可是诸葛亮又一次巧用激将法。他说曹操大军南征，其实就是想得到江东美女大乔、小乔。只要献出这两个美女，那么曹操大军就能不战自退。为了证明自己所言非虚，诸葛亮还背诵了曹操之子曹植所作的《铜雀台赋》，其中有“揽二乔于东南兮，乐朝夕之与共”一句，说明曹操对江东二乔垂涎已久。

周瑜闻言大怒，因为江东二乔早已嫁给孙策和周瑜为妻，小乔正是周瑜的妻子。周瑜因此发誓与曹操一战，并说服了孙权，拒绝了投降派的请求。

在赤壁之战中，诸葛亮身在吴营，一边为周瑜出谋划策，一边还要避免被周瑜的嫉妒之火烧上自己。幸好有鲁肃在其中周旋，再加上诸葛亮每次都能算到周瑜前面，所以也能安然无恙。诸葛亮还留下了很多非常有意思的故事，比如草船借箭、借东风等等。尤其是借东风，对于赤壁之战起到了决定性作用。因为周瑜和黄盖决定以火攻来对付曹操之后，冬天刮的西北风就成为东吴方面的致命障碍。放火须借风势，但是从西北方向出来的风，会使火势反而烧向东吴的军队。就在周瑜愁眉不展之时，诸葛亮站出来说，自己能够借到三天三夜的东南大风，帮助周瑜取胜。周瑜将信将疑，就让诸葛亮试试看。诸葛亮就设台作法，果然如约使得东南风大作。周瑜感到此人本领太大，将来必是东吴祸患，于是派人捉拿诸葛亮，可是诸葛亮早已安排好赵云把他接回夏口了。

回到刘备身边之后，诸葛亮就帮助刘备，借赤壁大战之机，抢夺荆州地盘，最终占据了荆州南部的四个郡，又从孙权手中借到了南郡。刘备终于有了自己的地盘。

随后就是按照《隆中对》的战略规划，刘备集团西攻益州的行动。刘备先是得到了益州别驾张松所献的地图，又得到张松、法正等人为内应。于是刘备认为时机成熟，就留诸葛亮镇守荆州，自己则带着庞统作为军师，前去攻掠益州。

但是益州之战打得并不顺利，庞统也战死疆场。刘备无奈，只能调诸葛亮和张飞、赵云入川。

诸葛亮入川，还是很有效果的，很快就平定了益州各郡县。益州牧刘璋无奈之下，只有向宿敌张鲁求救。张鲁派出凉州军阀马超去帮助刘璋。马超进入益州之后，跟刘备小打了几仗，就被诸葛亮设计收服，成了刘备手下的一员大将。紧接着，绝望的刘璋开城投降，刘备顺利占据了成都，成为益州之主。

在刘备夺占益州之时，曹操也击败张鲁，攻取了汉中，掌握了攻击益州的主动权。为摆脱被动局面，刘备决定出兵和曹操争夺汉中。这次刘备亲自挂帅，以诸葛亮、法正为军师，发起了自起兵以来对曹操的第一次主动攻击。刘备的军队士气高涨，在两位军师的筹划下，接连击败曹军名将张郃、夏侯渊等人，甚至阵斩夏侯渊，使曹操心痛不已。曹操料定汉中之地已不可守，于是主动撤退，将汉中让给了刘备。至此，刘备集团占据了益州的全部（汉中是隶属于益州的一个郡）以及荆州的大半部，势力发展到了鼎盛。《隆中对》中的第一步战略计划，至此完成。

随后，刘备在成都自立为汉中王，并大赏文武百官。诸葛亮因为多年来献计献策、劳苦功高，所以被正式册封为丞相，主理军国大事。

但是不久之后，孙权偷袭荆州，关羽兵败被俘，随后丧命。刘备欲东伐孙权，被文武百官劝止。

随着曹操去世、曹丕篡汉自立，刘备也登基称了皇帝，正式建立蜀汉政权。诸葛亮被封为丞相，成为蜀汉文武百官中的第一人。刘备时时不忘攻打孙权、夺回荆州，诸葛亮等众人劝解无效，最终刘备攻吴大败，自己也病死了。蜀后主刘禅继位，国事全都委托诸葛亮处理。这样，诸葛亮不再是丞相的身份，而成为蜀汉政权实际上的一把手。

各种文学作品中描述的诸葛亮的前期事迹，大致如此。至于诸葛亮主政之后的事迹，史书记载和文学作品的差别其实并不大，无外乎稳定蜀国内政、与东吴重修旧好、七擒孟获平定南方、六出祁山北伐中原等等。对比来看，倒是诸葛亮的前期活动，史书和传说的记载差别很大。

那个智计百出的军师形象，到底是历史的真实，还是传说的虚构？

三　史书中的孔明

说到诸葛亮的出山，就不能不提徐庶。无论是史书，还是文学作品，都认为徐庶是向刘备推荐诸葛亮的主要人物。《三国演义》中记载，徐庶因为老母被曹操抓走，所以向刘备辞行，临行前才推荐了诸葛亮。而史书上则记载徐庶受到刘备接见时，就向刘备推荐了诸葛亮。诸葛亮出山后，与徐庶共事了一段时间。直到刘备兵败当阳、长坂，徐庶的母亲才在乱军中被曹军抓住。徐庶无奈之下，只好向刘备告别，北投曹操。

诸葛亮自公元 208 年出山之后，就一直是刘备集团中最重要的谋士。诸葛亮对刘备集团最大的贡献，就是那份战略计划书《隆中对》。我们可以说，没有《隆中对》，就没有后来的蜀汉政权。不过这也是诸葛亮在其政治生涯前期最露脸的地方了。

演义小说、戏曲中为了凸显诸葛亮的智慧，给他安排了火烧博望坡、新野之战等。史上确实有博望坡之战，不过那是刘备刚到新野不久就打的一仗。当时刘备刚刚依附刘表，刘表对于刘备的才能非常忌惮，就让刘备北上攻打曹操，想通过曹操的手来消灭刘备。刘备引兵北上，到了博望坡，遇到了夏侯惇和于禁的部队。刘备设下伏兵，然后烧了自己的营寨，假装撤退。夏侯惇率军追赶，结果被刘备的伏兵杀得大败。从情节上来看，历史上的博望坡之战与小说中差不多，但是那时诸葛亮还没有出山，博望坡之战是刘备自己打胜的，而不是诸葛亮的功劳。

而新野之战本就是刘备撤退逃跑的败仗，文艺作品中为了冲淡刘备打败仗的悲剧色彩，就安排了一个曹军在新野遭到惨重损失的情节。我们在史书上只看到刘备撤出新野的记载，而没有诸葛亮在新野设计击败曹仁的可靠资料。

刘备在当阳、长坂之战中，被曹操追得到处跑，险些被擒。《三国演义》上说，诸葛亮这个时候被刘备派出去联络刘琦，请求援军。可是实际上，诸葛亮一直跟在刘备身边，并没有离开。面对蜂拥而至的曹军，诸葛亮也没有什么好办法。

等刘备逃到夏口，暂时安稳下来。恰好此时孙权派来鲁肃联络刘备，诸葛亮就顺势前往东吴，说服孙权和刘备联合，一起抵抗曹操。

出使东吴，是诸葛亮前期最突出的外交成就，也是在危急关头拯救了刘备集团命运的一次行动。

诸葛亮面见孙权，先是把形势说得很严重，说明曹操大军压境，志在灭亡东吴。接着提建议，如果有实力和曹操抗衡，就早做准备；如果抵挡不了，不如赶紧投降。孙权也是有雄才大略的君主，当然不爱听这话，就反问诸葛亮，刘备为什么不投降？诸葛亮则说，刘备是汉室宗亲，深受群众爱戴，哪能投降曹操？即使失败了，也是天意，气节却不能丢。

诸葛亮这一番话，明显是看低了孙权，孙权当然不能认可。他当即拍板，不能投降，要联合刘备，全力与曹操一战。不过孙权还是有顾虑，认为曹操兵多，刘备新败，不知道能不能击败曹操。这个时候诸葛亮才一转词锋，分析形势，认为曹操远来，军队疲劳，北方军队又不善水战，荆州百姓也不服曹操，这样曹兵虽多，却无须畏惧。而刘备方面还有一定的实力，再加上东吴的军队，两家合力，定能击败曹操。孙权转怒为喜，当即命令周瑜、程普率水军三万，与刘备一起抵御曹操。

孙刘联盟最终形成，诸葛亮功不可没。诸葛亮的外交才能，在这里也展现无遗。他充分抓住了孙权的心理，同时又摆明了自家的态度，没有因为形势紧迫就出卖自己集团的利益。但是我们也要看到，联络刘备也是孙权的既定策略，孙权集团的鲁肃和周瑜也都主张联合刘备，与曹操作战。所谓诸葛亮智激周瑜这一段，其实是正史无载的。仅以常理而论，江东二乔嫁给孙策、周瑜，是当时“时尚界”的一件大事，诸葛亮装不知道，周瑜怎么可能相信呢？再者，周瑜一直都是东吴阵营中的主战派，一向对曹操不服气，曹操曾经要求孙权把儿子送到朝中做人质，当时孙权也是犹豫不决，可是周瑜力排众议，坚决反对送人质。可见周瑜的对外强硬是一以贯之的。赤壁之战中，周瑜的主战态度正是他的风格，根本用不着诸葛亮的激将法。顺便说一句，从流传开来的《铜雀台赋》来看，传说诸葛亮用来忽悠周瑜的那句“揽二乔于东南兮，乐朝夕之与共”，其原文是“连二桥于东西兮，若长空之蝃蝀”。

所以诸葛亮这次外交活动固然有功，但也不能把孙刘结盟的功劳都算在诸葛亮头上。

赤壁之战后，刘备趁机夺取了荆州的几个郡，任命诸葛亮为军师中郎将，并让诸葛亮掌管下辖郡县的赋税收取，以供应军需。诸葛亮至此才真正有了自己的职务，以前的诸葛亮，虽然号称军师，但真正的身份不过是刘备的秘书和顾问。

中郎将本是汉代中央政府的中高级武官，但是到了汉末三国时期，很多割据势力都乱封中郎将这个官职，使得这个官职显得比较混乱。一般来说，汉末三国的中郎将比将军的职位要低。此时关羽、张飞、赵云等人都已经当上正式的将军了，而诸葛亮只是军师中郎将，所以地位其实是不高的。

后来刘备西入益州，先后以庞统、法正为谋士，诸葛亮则被安排在荆州，负责军需供应。后来诸葛亮也和张飞、赵云统兵入川，小说中说诸葛亮是统帅，其实是不可能的。论级别，身为中郎将的诸葛亮，是不能指挥身为将军的张飞和赵云的。

刘备平定四川，在成都建立了蜀汉政权。此后，只要刘备率军出征，诸葛亮一般都是留在成都，调度军用物资，保证前线供应。公元 221 年，刘备称帝，拜诸葛亮为丞相。但是随后不久，刘备东征孙权失败，死于白帝城。刘备临死之前，向诸葛亮托孤，告诉诸葛亮："若嗣子可辅，辅之；如其不才，君可自取。"诸葛亮当即向刘备表示，自己要竭尽全力辅佐幼主，誓死不辞。刘备对诸葛亮的信任，实在是专制时代君臣关系的特例。这样的托孤，在中国历史上也是独一无二的。虽然后人总是分析刘备说这样的话是一种什么心态，但是笔者认为，如果不是君臣之间十分了解和信任，刘备是不可能说出这样的话的。

蜀汉后主刘禅即位，诸事皆听诸葛亮调遣。这样，诸葛亮才从幕后走向前台，成为蜀汉政权实际上的一号人物。

诸葛亮身为丞相，为蜀汉政权费尽了心机，真可谓“鞠躬尽瘁，死而后已”。他首先通好孙权，重新建立起两家的联盟。接下来南征孟获，平定了云南地区少数民族的反叛。待后方稳定之后，就率军北上，攻打中原，以实现“复兴汉室”的理想。

但是诸葛亮六次北伐中原（严格地说是五次，因为其中有一次是魏军进攻，蜀军防御），遭到魏军司马懿的阻挡。司马懿也是当时一流的政治军事人才，诸葛亮在与司马懿过招的过程中，不乏一些出彩的地方，但是司马懿以魏国强大的国力为后盾，用持久战的办法来消耗蜀军。因此，诸葛亮的北伐虽然也取得了一些战果，却以失败告终。公元234年，诸葛亮积劳成疾，病死于第六次北伐军中，终年五十三岁。

诸葛亮生前受封武乡侯，死后谥号则是忠武侯。在诸葛亮死讯传回成都之后，蜀国举国皆哀。蜀地百姓怀念诸葛亮治蜀的恩德，都自发祭祀诸葛亮。就连被诸葛亮平定的西南少数民族地区，也为诸葛亮的死而深深悲痛。

在诸葛亮的一生中，主要的活动都是在刘备去世之后。可是各种文艺作品中，把关注的重点放在他的前半生。像什么火烧博望坡、火烧新野、舌战群儒、智激周瑜、草船借箭、借东风等等，其实这些故事大多是坊间传说，正史无载。正如我们前面所说，那时的诸葛亮，身份上是刘备的秘书和顾问，最多只能是提提建议，出出主意。文艺作品中，还把平定益州、攻取汉中的功劳，也算在诸葛亮这里。实际上这些战役，大多是法正跟在刘备身边出谋划策，诸葛亮主要是负责稳定后方。而刘备死后，诸葛亮的北伐也没有取得什么成果。总的来说，历史上的诸葛亮，虽然把蜀国治理得很好，在战场上却少有突出的表现。

四 悲情蜀相

诸葛亮确实是三国时期最有影响力的人物之一，他为蜀汉政权立下了汗马功劳，具备突出的政治才能，但是总的来说，他的才能并不像传说中那样神鬼莫测。诸葛亮也有自身的缺陷与不足，正所谓“人无完人”，是人就是有缺点的。

史学家陈寿在《三国志》中这样评价诸葛亮：“于治戎为长，奇谋为短，理民之干，优于将略。”这就是说，诸葛亮治国有方，是个大政治家，而且在训练军队上也很有一套。但是作为一个军事统帅，战场上随机应变，则能力不足。

从诸葛亮的事迹中，我们不难看出，陈寿的评价是很有道理的。诸葛亮的长项，是制定长远战略，治理国家，训练军队，供应前线。而行军打仗、出谋划策这些，诸葛亮就差了一些。

在诸葛亮政治生涯的前半期，也就是刘备去世之前，诸葛亮并不像小说中写的那样，出了无数妙计，打得曹操无可奈何。实际上，这个时期，诸葛亮很少有指挥战斗的机会，不仅没有成为一方主帅独当一面，甚至连作为主帅的谋士、为战役出谋划策，都很少见。而刘备对诸葛亮的定位，也不是那种运筹帷幄的军中谋士。按照刘备的想法，自己要想成就帝业，需要效仿汉高祖刘邦。刘邦手下有三个最重要的人物：萧何坐镇后方，经营根据地，为前线源源不断地提供兵源和物资；张良跟在刘邦身边，出谋划策，应对战场情况，屡次为刘邦化解危机；韩信则独自率领一军，开辟第二战场，攻城略地，独当一面。

在刘备眼中，诸葛亮就是萧何的角色，关羽相当于韩信。而刘备眼中的张良，前期是庞统，刘备入川时，就是带着庞统为军师的。可惜庞统早死，所以后期这个角色就属于法正，尤其是在汉中争夺战中，法正发挥了重要作用。

对于这几个人物，我们公正地说，庞统早死，才能未得到充分展现。法正虽然善于谋划、深得刘备信任，但是依然比不了张良。关羽的能力在韩信面前更是不值一提。唯独诸葛亮还算是能和萧何比肩一下。而且法正在刘备自立为汉中王之后不久就死了，刘备失去了一个张良式的人物；关羽兵败身亡，刘备连一个独当一面的大将都没有了。萧何、张良、韩信，号称“汉初三杰”。能做到他们三个当中任何一人的程度，都可称为人中翘楚。正所谓“术业有专攻”，诸葛亮一个人也不能同时具有萧何、张良、韩信这三个人的本事。其实同时代的曹操阵营中，就有着明确的分工。既有像荀彧这样擅长经营根据地的政治人才，也有郭嘉、程昱这样计谋百出的军中参谋，更有智勇双全的张辽、徐晃等名将。对比而言，刘备阵营中的人才储备确实要薄弱很多。

刘备称帝后，不顾群臣劝阻，率大军伐吴，结果大败而归。当时诸葛亮就痛心地说，要是法正还活着，一定能劝住刘备，不至于有此大败。有人疑惑，难道刘备对诸葛亮的信任程度，还比不了法正吗？其实，在军事问题上，法正的意见可能确实比诸葛亮更能打动刘备。即使法正无法阻止刘备伐吴，但是跟在刘备身边，至少也能避免大败。从这里我们也可以看出，诸葛亮似乎同样认为自己的军事才能未必比得了法正。

刘备死后，身为丞相的诸葛亮大权独揽，从幕后走向前台，开始了他自己的事业。

在治理蜀国方面，诸葛亮可以说是殚精竭虑、呕心沥血。在汉代的十三州部中，蜀国仅仅占据了一个益州，论实力在三国之中是最弱的。蜀国被魏国灭亡时，上报的户口是二十四万户、九十四万口。而蜀国的常备军规模一般在十万人左右，平均每两户人就要养一个兵，人民的负担是相当沉重的。可是在诸葛亮的悉心治理下，蜀国的政局十分安定，百姓也都十分尊敬、爱戴这位丞相。

由于蜀国的资源有限，而要实现的目标（消灭魏国，收复中原）却又十分宏大，为了充分调动有限的资源，诸葛亮在蜀国强化法治，各种法令政策十分严苛。但是诸葛亮的执法也非常公正、严明，所以百姓很少抱怨。蜀国重臣李严因犯罪被诸葛亮惩罚，剥夺了官职，按常理说李严应该忌恨诸葛亮。可是在听到诸葛亮的死讯之后，李严也十分伤心，他认为诸葛亮如果活着，自己就有再被起用的机会，但是诸葛亮一死，他的希望也破灭了。

与治理蜀国所取得的成就相比，诸葛亮北伐中原的事业，则只能用“惨淡”来形容了。诸葛亮一共五次出兵北伐，从祁山地区出击的只有两次，但是普遍流行的说法是“六出祁山”，这就不仅把诸葛亮的五次北伐都算上了，而且还加上一次魏军进犯汉中、被诸葛亮击退的战斗。

五次北伐，只有第一次声势最大，当时诸葛亮命赵云、邓芝率疑兵出斜谷，自己则亲率主力出祁山，魏国天水、南安、安定三郡背叛魏国投靠诸葛亮，魏国的整个关中地区都人心惶惶。可是在形势一片大好之下，蜀将马谡却在街亭失利，诸葛亮只得撤军。临走时，还把占据魏国地盘上的四千户百姓迁到汉中。

此次失败之后，诸葛亮又连续进攻魏国，虽然也曾经占据了一些魏国的郡县，还击杀了魏军名将张郃，可是总的来说，没有什么大的进展。公元 234 年，诸葛亮最后一次出师北伐，与魏军相持百余日，积劳成疾，病死于五丈原。一代名相未能实现北伐中原、复兴汉室的梦想，就此撒手人寰。诸葛亮的事业，最终以悲剧收场，使人扼腕叹息。

诸葛亮北伐不能成功，主要的原因当然是敌我双方力量对比悬殊。论国力，蜀国是三国之中最弱小的一个，而魏国的总体实力（包括人口数、常备军队人数等）则强于吴、蜀两国之和。诸葛亮为完成复兴汉室的理想，屡次以小搏大，挑战不可能完成的任务，这本身就注定了他的悲剧色彩。

除了实力对比失衡外，诸葛亮个人能力上的欠缺，也是他北伐无功的重要原因。

有人认为诸葛亮的作战风格过于保守，不敢冒险，所以北伐难以成功。最典型的例子就是第一次北伐中原时，大将魏延提出建议，分兵两路，诸葛亮亲率大部队从大路行进，而魏延自己则率领一支小部队，从小路行进，攻打长安。诸葛亮否定了魏延的建议，事后证明，当时魏军的防御确实有漏洞，魏延的建议是可行的。我们也不能说诸葛亮的做法就是错的，因为毕竟蜀军兵力不足，如果再分兵，就更加危险。不过战场上变幻莫测，没有哪一个战略计划是万无一失的，战争行为本身就是与“冒险”二字相联系的，历史上很多著名战役，也都是险中取胜。所以诸葛亮不听魏延的建议，这固然不能算错，但是也体现出了诸葛亮的特点："治戎为长，奇谋为短。"

不过，仅仅是因为战场之上表现不够抢眼，就否定诸葛亮的军事才能，这也不可取。虽然做不到奇谋百出，但是诸葛亮在训练军队、打造军队战斗力方面非常出色。诸葛亮治军，纪律森严，赏罚严明，注重训练士兵的战斗技能，尤其是山地战技能。为了对抗占据优势的魏国军队，诸葛亮在兵种、武器的搭配上也颇有建树，他设计的著名的"八阵图"，就是将各兵种、武器进行合理搭配，从而充分发挥战斗力的一种阵型（《三国演义》中的一些章节把"八阵图"说成是迷宫一样的东西，显然是有神话的成分）。更为难能可贵的是，诸葛亮还重视武器装备的改善对提高军队战斗力的作用。他亲自发明了一种可以连发的武器，叫作损益连弩。为了增强军队在山地的运输能力，他还发明了木牛、流马等工具来运送军粮。

经过努力，诸葛亮打造了一支战斗力极强的蜀军。这支军队在祁山地区与占据优势的魏军周旋，一点也不落下风。虽说司马懿在某种程度上算得上诸葛亮的克星，可是真正在战场上交锋，司马懿也很少占到便宜，更多的是坚守不战，等待蜀军粮尽而退。诸葛亮最后一次北伐病死之后，蜀军撤退。司马懿来到蜀军营垒，看到各种布置井井有条，毫无破绽，于是感叹，诸葛亮真是天下奇才。

由此可见，诸葛亮虽不擅长使用奇谋在战场上获胜，但是注重从装备、训练、兵种搭配等方面去提高军队战斗力。诸葛亮的这一建军思想，其实与近代的军事理论是相通的。军队的战斗力才是打胜仗的基础，而过于重视奇谋诡计则容易走入歧途。所以，我们可以说诸葛亮的军事才能有欠缺，但是不能否定。

无论是政治还是军事，诸葛亮的最大特点就是“稳”，也就是重视基础、行事谨慎、稳扎稳打。说来说去，还是史书的评价比较客观。《三国志》上对诸葛亮的评价则是“管萧之亚匹”，拿他比管仲、萧何。管仲、萧何都是宰相之才，诸葛亮比起他们毫不逊色。而在军事方面，诸葛亮则有所不足。他并不能够以一个人同时扮演好萧何、张良、韩信这三个角色。

虽然诸葛亮在能力上有欠缺，但是在品德上堪称辅臣楷模。他手握重权，却从没有欺凌皇帝、取而代之的想法。即使刘备死前托孤时，给了诸葛亮自立为主的特权，诸葛亮也丝毫不动歪心思。诸葛亮为官清廉，死时家无余财。在他的带动下，蜀国的政治清明，官员一般都较为谨慎，很少有贪赃枉法的现象。诸葛亮深受蜀国百姓爱戴，蜀地民间一直都有祭祀诸葛亮的习俗，流传至今。正是因为诸葛亮极得民心，所以在民间，他的地位越来越高，人们不仅把蜀汉建立的功劳都算在诸葛亮身上，而且还神化了诸葛亮的智慧，使之成为古今智者的代称。

诗圣杜甫的诗作《蜀相》，正是人们对诸葛亮的尊敬与惋惜之情的表达：

丞相祠堂何处寻？锦官城外柏森森。
映阶碧草自春色，隔叶黄鹂空好音。
三顾频烦天下计，两朝开济老臣心。
出师未捷身先死，长使英雄泪满襟！

《三国演义》演出三国

提起历史小说《三国演义》，那真是家喻户晓、妇孺皆知。正是因为有这部书的关系，三国时代也成了当代中国人最为了解的一个时代。不知道秦皇汉武都有哪些功绩的人不在少数，不知道唐宗宋祖都做过哪些事业的大有人在，但是不知道关羽张飞、不知道诸葛孔明的，恐怕全中国的成年人中也找不到几个。由此可以看出，一部好的大众化历史作品，对于普及人文历史知识、传承中华文化是有着重要意义的。

但是，恰恰是因为《三国演义》太过于深入人心，使得很多人完全是通过这部小说去了解那个时代的历史，这就造成了很多的误解和偏见。再加上戏曲、评书等艺术形式的加工，很多三国人物都因此而脸谱化了，像什么红脸关公、黑脸张飞、白脸曹操，都代表了这些人在人们心目中的形象。而这些形象一旦形成，就很不容易发生改变。

当然，我们要公正地说，《三国演义》是一部优秀的文学作品，同时它也尽可能做到了对历史真实的再现。《三国演义》大致地反映了汉末三国那个时间段的时代走向和历史演进的大脉络，基本准确地描写出了几次重大的历史事件。想靠《三国演义》来了解三国历史，至少在大方向上不会出什么错。

我们不强求像《三国演义》这样的文艺作品能够做到百分之百符合历史，因为文艺作品毕竟是要考虑大众的接受程度和欣赏口味。文学作品虽然不是历史，却会影响人们对历史的认知。仅仅满足于对三国人物的文学艺术形象的了解，是远远不够的，也容易产生错误印象。而揭秘那些被书写的历史人物，还原他们在历史上的本来面貌，恰是本书的目的所在。

前面两章集中论述了关羽和诸葛亮的生平事迹，这是因为关羽和诸葛亮在民间的影响力太大：关羽被封为武圣，几乎可以与孔夫子相提并论；诸葛亮则是民间的智慧之神。对于这样的两个文化现象，必须详加解读。而本章则要集中揭秘那些在人们心目中根深蒂固的形象，使他们展现出更符合历史的那一面。

一　周瑜本是雅君子

说起周瑜，人们总是有正反两个方面的印象。正面的印象，是年轻有为、英俊帅气、智谋出众、善于用兵；而反面的印象则是心胸狭隘、嫉贤妒能、气量狭小。那句“既生瑜，何生亮”更是体现了他不能容人的一面。周瑜还经常被作为反面教材，用来说明成大事者必须有大量。

说到周瑜，总是离不开诸葛亮。在《三国演义》中，赤壁之战时，周瑜处心积虑要除掉诸葛亮，而诸葛亮则应对自如，事事料在周瑜之前，把周瑜气得没办法。后来周瑜想用美人计来对付刘备，却也被诸葛亮化解，留下了“赔了夫人又折兵”的笑话。周瑜对于自己屡次败给诸葛亮十分气愤，最后居然被活活气死。诸葛亮“三气周瑜”的故事，也就因此流传开来。

周瑜死后，诸葛亮为了孙刘联盟的大计，居然前往东吴给周瑜吊孝，又演出了一幕“卧龙吊孝”的剧目。当时东吴诸将都把周瑜的死因算在诸葛亮头上，本想为周瑜报仇。可是在诸葛亮哭诉完周瑜之后，东吴诸将居然颇受感动，再也不怨恨诸葛亮了。诸葛亮安全地回到了荆州。

总的来说，在《三国演义》中，周瑜只是一个配角，主要是用他来突出诸葛亮。其实，即使是《三国演义》中的周瑜，说他是一个嫉贤妒能的角色，也未免失之简单了。小说中明明白白地写着，周瑜看到诸葛亮有大才，便对鲁肃说，这个诸葛亮本事太大，将来必定成为我们东吴的祸患。不如趁他现在还在我们这里，索性把他除掉算了。鲁肃觉得这样做会破坏孙刘联盟，说出去也不好听，就劝住周瑜，还提了一个建议：诸葛亮的兄长诸葛瑾正在江东为官，不如让诸葛瑾去劝说诸葛亮，让他转投孙权。周瑜欣然应允。可是诸葛瑾也没有说动诸葛亮，这样周瑜才对诸葛亮动了杀心，时刻想要除之而后快。

这样看来，周瑜对诸葛亮的忌惮，是出于公心，也是为了孙权集团的长远发展考虑，不好用我们通常所说的那种嫉贤妒能来评价。但是到了民间，大家不管那么多弯弯绕，觉得周瑜想害诸葛亮，就是小心眼。

文艺作品中的周瑜，大概就是这个样子了。那么，史书上记载的周瑜，又是什么样子呢？

周瑜，字公瑾，东汉末年庐江舒县（今安徽舒城）人，生于公元175年，死于公元210年。周瑜和孙策是好朋友，两人年纪相仿，而且都是英俊帅气，人称“孙郎”“周郎”。孙策和周瑜分别娶了大乔、小乔这姐妹俩的故事，也常为人津津乐道。

孙策是孙权的哥哥，东吴政权的真正建立者。孙权只能说是接了孙策的班而已。孙策平定江东的过程中，周瑜出力颇多，被封为建威中郎将。

公元200年，孙策遇刺身亡，临死前将东吴交付孙权。此时孙权年纪尚小，吴地很多人不服孙权，有叛乱的迹象。关键时刻，周瑜带兵前来稳定局面，并和张昭、程普等人一起拥戴孙权，稳定住了局势。从此，张昭和周瑜这一文一武，就成为孙权最为倚重的顶梁柱。

两年之后，曹操已经消灭了袁绍，势力大振，就借汉献帝之手下诏书责备孙权，令他送出一个儿子去许都当人质。孙权当然不想送，可是又惧怕曹操的势力，所以犹豫不决。张昭等重臣也各执一词，没有定论。后来周瑜赶到，对孙权分析利害关系，指出东吴拥有较强的实力，而且地形险要，不送儿子给曹操当人质，曹操奈何不了东吴；可是一旦送出人质，将来就要受曹操的牵制，极可能成为曹操的附庸，到时候反而麻烦。

周瑜立场坚定地反对送人质，孙权终于下定了决心，拒绝了曹操的要求。曹操果然也不能拿孙权怎么样。

后来曹操南下攻打刘备，又准备攻打孙权。大军压境之时，孙权手下以张昭为首的谋士们，被曹操大军的威势给吓坏了，纷纷劝孙权投降。只有鲁肃主张抵抗曹操，但是鲁肃在孙权面前毕竟不够分量。这个时候，孙权又想起了周瑜。

周瑜坚定地主张与曹操开战，他首先就以“汉贼”来称呼曹操，表明了自己的立场，接着向孙权分析：孙氏建立江东政权，实属不易，不能轻易向别人投降。再者孙权父兄在此地经营很久，百姓依附，本也有和曹军一战的实力。面曹军方面，远来疲惫，又不习水战。新收降的荆州士兵都怀有二心，不能依靠。而且此时已是冬天，给养难以维持，士兵水土不服，容易生病。再加上曹操还没有完全平定北方，西北地区还有韩遂、马腾为后患。综合起来，此一战，东吴必胜曹操。

孙权听完之后，非常满意，当即下定决心，与曹军展开决战。他命令周瑜、程普为左右都督，鲁肃为赞军校尉，统率三万军队，抵抗曹操。

按照《三国演义》的说法，周瑜本来也没有坚定抗曹的心思，但是诸葛亮巧用激将法，编造出曹操出兵江东是为了夺取大小二乔。小乔是周瑜之妻，周瑜闻听此言十分愤怒，当即决定与曹操开战。

这样的描写，倒显得周瑜这个人私心很重，格调不高。其实，周瑜本就是孙权阵营中坚定的鹰派分子，当年就劝孙权不给曹操送人质。周瑜主张对曹操开战，本来也是他一贯的立场决定的，根本就不需要诸葛亮去刺激他。以周瑜的智商，也不可能会被诸葛亮所说的那么浅薄的瞎话骗到。从另一个角度来说，周瑜不仅对曹操主战，在处理孙权和刘备的关系时，他也主张用武力解决。这个就是周瑜一贯的鹰派立场。

公园 208 年的赤壁之战，在周瑜的调度指挥之下，用黄盖诈降之计，火烧曹军战船，最终以少胜多，战胜曹操。这是周瑜一生中最辉煌的成就。曹操是汉末三国的政治军事大家，被他消灭的割据势力数不胜数，而赤壁之战，无疑是曹操一生中遭遇过的最大一次失败。能把一场大败送给曹操，这足以让周瑜的名字位列三国顶级武将的行列。

赤壁之战后，周瑜被孙权封为偏将军，继续进攻曹军在荆州的残余力量。在与曹仁交战期间，被流矢射中，身负重伤。曹仁乘机率军来攻，周瑜不顾伤痛，起身巡视军营，鼓舞士气。吴军士气大振，曹仁看到吴军无隙可乘，只好撤军。

这个时候，刘备也占据了荆州南边的四个郡，但是这四个郡开发程度较低，不足以作为基地，所以刘备就亲自去见孙权，希望孙权能把南郡借给刘备，以作为刘备的基地。

周瑜对于孙刘联盟的态度，是实用主义的。赤壁之战时，面对强敌曹操，周瑜主张联合刘备一起抗曹。而赤壁之战以后，刘备的势力逐渐崛起。周瑜认为长江以南的地方，都是东吴需要占据的地盘，只有完全占据江南，才有实力和占据中原的曹操抗衡，所以应该遏制刘备的发展。

所以周瑜得知刘备借南郡这个事，就给孙权写信，让孙权想办法留住刘备，多给刘备一些美女珍玩，消磨刘备的志气，离间刘备和关羽、张飞的关系。周瑜认为，刘备是人中之龙，不能把他放回去，放回去就再也对付不了他了。

孙权觉得周瑜说得在理，但是孙刘两家毕竟同时面临来自北方曹操的巨大威胁，所以孙权认为还不到对付刘备的时候，就没有听周瑜的话，把南郡借给了刘备。其实孙权也是想让刘备驻扎南郡，直接抵挡曹操的威胁，这样也能减轻东吴方面的压力。

公元210年，益州刘璋受到汉中张鲁的袭扰，被弄得焦头烂额。周瑜觉得这是一个好机会，就上书孙权，请求孙权允许他攻打益州。周瑜认为，如果攻打益州成功，就能使长江以南的土地连成一片，孙权也就有了北上和曹操抗衡的资本。孙权也觉得这是个好主意，而且也符合鲁肃当年给孙权制订的战略计划（这个后文会详细说），就答应了。可惜天不作美，周瑜刚刚赶到江陵，准备西征的时候，却不幸染病身亡了，时年三十六岁。孙权集团西进蜀地的计划，就此告吹。假如周瑜不死，那恐怕整个三国的形势都会因之而变。

从周瑜一生的经历来看，所谓“诸葛亮三气周瑜”的说法，是没有什么依据的。周瑜在荆州与曹军作战时，诸葛亮则在荆州南边，主要负责征收赋税、供给军资。我们甚至可以说，诸葛亮可能根本都没有见到周瑜，两个人更不可能斗智斗气。

周瑜死在荆州，那么占据荆州的刘备自然要负责把周瑜的尸体送回东吴。刘备方面派出去做这个事情的，也不是诸葛亮，而是庞统。所以所谓的“卧龙吊孝”，其实应该是“凤雏吊孝”。

周瑜不仅不是一个小心眼儿，反而很有度量，志向远大。赤壁之战时，孙权任命周瑜为都督，负责对曹操的作战。当时老将程普也在周瑜帐下听命。程普是东吴政权中资历最老的一员大将，很早就开始跟随孙坚了。眼见着周瑜这个小字辈居然爬到自己头上了，当然是不太服气。程普倚老卖老，经常在各种场合嘲笑、羞辱周瑜。周瑜知道这是老将军心里不服气，所以也没有计较，反而对程普表现出应有的尊重。后来，程普对周瑜心悦诚服，再也不找麻烦了。和别人提到周瑜的时候，程普颇为赞赏地说：“与周瑜相处，就像是饮醇酒，不知不觉间，人就醉了。”

曹操也曾经动过劝降周瑜的心思，派周瑜的同学蒋干前去游说。周瑜知蒋干来意，就以各种言辞应对，向蒋干展示自己对孙家的忠心。蒋干在周瑜处待了三天，居然一直得不到机会开口劝降。最后，蒋干只好打道回府，向曹操报告："周瑜雅量高致，不是言辞可以说动的。"

赤壁大战使周瑜威名远播，名震天下。刘备、曹操都觉得周瑜是个大威胁。刘备在和孙权见面的时候，曾经暗中和孙权说："周瑜这个人才能出众，气量极大，恐怕不是久为人臣的材料啊。"刘备这是在挑拨孙权和周瑜的关系，不过孙权当然不会因此就怀疑周瑜。曹操也很有趣，赤壁大战打得他灰头土脸，很没面子，可是曹操又不甘心自己败给周瑜这个小字辈，就写信给孙权说："赤壁之战，我军中流行传染病，没办法只好自己把战船烧了退兵，结果倒使周瑜这小子得了便宜。"这显然也是曹操战败后嘴硬不肯认输。

周瑜不仅有才能、有气量，而且还深通音律，在艺术上也有很高的造诣。"曲有误，周郎顾"就是说周瑜能非常仔细地听出乐曲中演奏得不对的地方。这样看来，周瑜是一个俊雅潇洒、风流倜傥的翩翩儒将。难怪宋代大文学家苏轼在自己的《念奴娇·赤壁怀古》中，赞叹周瑜："遥想公瑾当年，小乔初嫁了，雄姿英发，羽扇纶巾。谈笑间，樯橹灰飞烟灭。"

由此可见，周瑜本是一个雅量君子，根本不是什么嫉贤妒能之辈。他多次在重要关头向孙权提出了具有决定性意义的建议，使孙权集团得以持续发展、渡过危机。假如没有周瑜，可能在赤壁之战前，孙权就真向曹操投降了。所以后来孙权称帝之后，对百官公卿说："如果没有周公瑾，我就当不上这个皇帝了。"

可惜的是，周瑜三十六岁就身亡了，而且临死时的官职也不高，仅仅是一个偏将军。偏将军是汉代将军名号中最低的一级，说起来与周瑜的才能不是太相符。实际上，周瑜在赤壁之战时能统率几万大军，靠的是孙权的临时授命。虽然孙权信任周瑜，但并不是说周瑜在地位上就超出其他武将，他与我们印象中的东吴军队总司令的身份，也相去甚远。直接归周瑜统率的部队，其实也就几千人罢了。

本来是一个风度翩翩、战功赫赫、才能卓越而又心胸宽广的名将，却被民间传说描绘成了虽有才能，却阴险狡诈、嫉贤妒能的小人，恐怕这才是周瑜最大的悲哀吧！

二　鲁肃缘何太窝囊

鲁肃是在各种文学作品中被严重弱化的人物。我们看《三国演义》，觉得鲁肃没有什么大本事。他值得称道的地方，也就是为人比较忠厚，对于孙刘联盟尽心维护而已。一旦离开了周瑜，鲁肃就好像个傻子一样。

鲁肃的笨拙，在"借荆州"这一段中表现得尤为明显。在《三国演义》里，本来刘备的借荆州就是打着一借不还的主意，孙权、周瑜心里都明镜似的，就这个鲁肃，太没心眼，被诸葛亮一忽悠，居然还傻傻地给刘备当起了保人，简直就是把脏水往自己身上泼。后来孙权让鲁肃负责军务，把讨荆州这个事交给他去办。鲁肃抓耳挠腮，不敢不听命，又不敢和刘备直接撕破脸，最后憋出个主意，就是用“单刀会”这种非常下作的办法，想通过绑架关羽来夺回荆州，结果弄巧成拙。《三国演义》中那一段“单刀赴会”的描写，鲁肃简直是一副小丑的模样，完全成了关羽威风凛凛、高大伟岸形象的衬托。

不过《三国演义》毕竟是尊崇刘备的，所以对于坚持维护孙刘联盟的鲁肃还算是客气，虽然把他写得有些缺心眼，却是忠厚君子，品德上倒是很高尚。在赤壁之战那几回中，鲁肃在周瑜和诸葛亮之间和稀泥，呆是呆了些，但是还比较可爱。

总之，在各种文艺作品中，鲁肃就是一个正直、厚道却能力不足、缺少能力与魄力的人，很多时候表现得过于迂腐。有周瑜的时候，他是周瑜的陪衬；有诸葛亮的时候，他是诸葛亮的陪衬；周瑜诸葛亮都不在的时候，他甚至成了关羽的陪衬。

传说对鲁肃真不公平。历史上的鲁肃，怎么说也是孙权集团的重臣，哪里是这个窝囊样？

鲁肃，字子敬，是临淮东城（今安徽定远县）人，生于公元172年。鲁肃生在一个富豪家庭，但是他不喜欢经营产业，反而四处散财，赈济穷困，结纳豪杰，素有慷慨之名。

这个时候，周瑜的部队缺粮，听说鲁肃家称钱，有的是粮食，就想去找鲁肃借点。说是借，实际上就是抢。鲁肃一看周瑜带着一百来个大头兵过来“借粮”了，倒也不吝啬。当时鲁肃家有两囤粮食，各三千斛（斛是古代量具，一斛等于十斗、一百升，汉代一斛约合公制二十升半）。鲁肃用手一指，对周瑜说：“这一囤就借给你们吧。”周瑜没想到对方这么痛快，非常惊奇，觉得鲁肃一定不是个一般人，于是就和鲁肃结为好友。

鲁肃慷慨豪侠之名传扬开来，大军阀袁术也想招揽鲁肃到自己手下为官。鲁肃看出来袁术这个人虚有其表，成不了大事，于是就带着自己的家人以及依附于自己的民众一百多人，一起去投奔周瑜。后来，鲁肃在周瑜的引荐之下，加入了孙权阵营。

公元 197 年，鲁肃第一次见到了孙权。孙权对鲁肃很赏识，就和鲁肃秘谈。孙权问："如今汉室衰微，战乱四起。我继承了父兄的基业，很想成就齐桓公、晋文公那样辅佐天子的事业。请问您有什么可以教导我的吗？"

鲁肃说："要我说，汉室要想复兴是不大可能了，曹操也不可能轻易就被消灭。将军您最好的选择是据有江东，以观天下之变。北方混乱，曹操要处理的事情太多，所以短期内无法南下。将军您就可以趁此剿除黄祖，进而攻打刘表，争取把整个长江流域全都占据到手，然后就可以称王称帝，名正言顺地夺取天下，建立汉高祖那样的事业。"

孙权听了鲁肃的话，自然很高兴，不过嘴上却说："我现在不过是想安定一方，辅佐汉室，别的还不敢想。"

鲁肃的胆子真够大的，在那个时候，大大小小的割据势力，虽然早就不把汉朝的皇帝放在眼里了，可是明面上都要大义凛然地说自己是在"匡扶汉室"。而鲁肃在见孙权第一面的时候，就告诉孙权，别再说那些场面话了，我知道你心里想的是什么。既然是这样，我就告诉你怎么才能当皇帝。于是就给孙权制订战略计划。鲁肃的这个战略规划，整体思路和诸葛亮的《隆中对》很有相似之处，都是主张不要和曹操硬碰，而是趁机消灭那些实力不如自己的军阀，比如刘表等等，占领一块稳固的根据地之后再作夺取天下的打算。鲁肃在公元197年，也就是曹操还没有统一北方的时候，就敏锐地看出北方不是孙权的主要扩张目标，应该把主要目标放在南方相对弱小的军阀上面，这一见解比诸葛亮的《隆中对》，早了近十年。鲁肃是孙权集团中第一个给孙权提出明确战略规划的人，从这点来看，鲁肃比周瑜、张昭等人更具有长远眼光。

鲁肃得到孙权的信任，引起孙权集团元老张昭的不满，他认为鲁肃为人不知谦让，年纪又小，不可大用。孙权不听那套，反而给鲁肃很高的待遇。

赤壁之战前，鲁肃坚决主战，而且还主动去荆州联络刘备。刘备方面对于与孙权的合作，当然是求之不得。鲁肃又借自己和诸葛瑾之间的友谊，结交诸葛亮，拉近了两家之间的距离。于是鲁肃就带着诸葛亮一起回到江东，面见孙权。

此时曹操大军已经整装待发，准备攻打江东，劝降信也送到了孙权手里。东吴重臣们正在为了战与和的问题争得不可开交。张昭等元老重臣主张投降，使本想抵抗曹操的孙权心里没底，犹豫不决。这个时候，鲁肃的才智又展现出来了。

鲁肃这样劝孙权：我鲁肃和张昭等人，都可以投降曹操，唯独将军您不能降曹。我等降曹，大不了就是在曹操手下继续当官，如果干得好，兴许还能当上个郡太守或州刺史什么的。可是您要是投降了曹操，曹操会怎么安排您呢？您还是早作打算，千万别听那帮人瞎说。

孙权一听，如梦方醒，那帮劝我投降的家伙，原来都是这种打算。看来只有鲁肃才是值得我信任的人啊！

然后诸葛亮也劝孙权开战，尤其是周瑜的话更有分量，终于坚定了孙权抗曹的信心。

赤壁之战中，鲁肃帮助周瑜筹划军机，起到了重要作用。打败曹操之后，鲁肃先回去向孙权报告，孙权则率领文武官员出来迎接鲁肃，规格非常高。孙权问鲁肃说："子敬，我这次可是亲自下马迎接你，你觉得是不是很荣耀啊？"

鲁肃却说："还不够荣耀啊。"

当下文武官员都傻了，心想这个鲁肃怎么这么不识好歹。可是鲁肃接下来的话，又是四座皆惊，他说："等您平定天下，成就帝业的时候，再来封赏我，我才觉得荣耀至极啊。"

这话说得孙权都乐开了花，对鲁肃更加信任了。

赤壁之战后，刘备向孙权借南郡这块地盘，当时周瑜等人都不同意，只有鲁肃一力促成此事。站在东吴的立场，很多人都觉得鲁肃这样做是养虎为患，太过执着于孙刘联盟，不符合东吴的利益。

其实，鲁肃对孙刘联盟的态度也是很现实的，和周瑜很相似，但是鲁肃看得更远一些。

我们知道，鲁肃第一次见到孙权，就给孙权出了主意，要他攻打荆州，占据整个长江流域。夺取荆州可以说是孙权集团的既定战略计划。但是形势发展使得局面出现了变化，北边的曹操势力太过强大，除了刘备，已经没有什么力量能够牵制住曹操。孙权集团占据着荆州，就会直接面对曹操的威胁，反而使得曹操的宿敌刘备能躲在南边发展。借南郡给刘备，就等于把刘备推到了抗击曹操的第一线，也能减轻江东方面的压力。再者，当时刘备的势力还比较弱小，对孙权的威胁远远没有曹操大，而曹操对江南时刻虎视眈眈，这个时候两害相权取其轻，和刘备合作还是必需的。

事实证明鲁肃的建议是高明的，当曹操得知孙权把南郡借给刘备之后，惊讶地把手中的笔都掉到了地上。

周瑜死前，把自己属下兵马四千余人交给鲁肃统率。鲁肃治军有方，很快就把军队发展到上万人。后来鲁肃跟着孙权攻破皖城，因功被封为横江建军，论职位比周瑜去世前才得到的偏将军名号，要高得多。

由于刘备集团占据益州、汉中，实力渐大，引起了孙权的警觉和不满。鲁肃坐镇荆州，与关羽产生了不少摩擦。但是鲁肃致力于维护孙刘联盟，屡屡谦让。可是孙权那边对于孙刘联盟已经不怎么喜欢了，他急于得到荆州，甚至趁刘备攻略汉中时，派吕蒙出兵夺取荆州南部的长沙、零陵、桂阳三郡。刘备针锋相对，亲自率领五万大军来争这三郡。鲁肃和关羽的军队对峙，谁也不肯让步。

鲁肃深知孙刘两家联盟的重要性，所以决定和关羽展开谈判。双方商定了一个地点，约好日期，承诺双方兵马都在百步之外驻守，诸将只携带单刀赴会。会上，鲁肃义正词严谴责刘备方面不讲信用，借了荆州不还，我们想讨要三郡又不准，这也太不够意思了。

其实所谓“借荆州”这个事，我们也解释过了，情况比较复杂，也难说孙权和刘备谁更有道理。但是刘备方面毕竟也承认南郡是从孙权手里借的，所以总是显得有点理屈。关羽辩解了几句，也没说出个所以然，双方不欢而散。

这就是历史上真实的“单刀赴会”，鲁肃是大义凛然的，绝不是小说中描写的那样猥琐阴险。在会上，鲁肃是据理力争，关羽反倒有些狼狈。可是后人为了凸显关羽，把鲁肃变成了丑角，实在是很冤枉。

“单刀赴会”之后不久，曹操攻取汉中，并威胁到了益州。刘备只好和孙权妥协，回师成都。孙刘双方以湘水为界，长沙、江夏、桂阳归东吴，南郡、零陵、武陵归刘备，这才暂时缓解了两家的矛盾。

公元217年，鲁肃去世，时年四十六岁。孙权亲自为鲁肃发丧，诸葛亮也为鲁肃举哀。

孙权对鲁肃曾经有这样的评价，说鲁肃有两长一短：两长就是给孙权制定割据江东的战略规划，以及赤壁之战前坚持主战，一语点醒孙权；一短就是劝孙权把荆州借给刘备。

这个时候孙权早就把联合刘备这个事抛到脑后了，他只是觉得把南郡借给刘备是吃了大亏。其实，借南郡给刘备，对于孙权集团来说，是一件具有战略性意义的事，不能看成孙权吃了亏。虽然孙权方面实力较强，但是没有刘备，他也无法对抗曹操。鲁肃以全局的眼光来审视这件事，劝孙权借南郡给刘备，应该说是正确的决策。

鲁肃是三国时期的优秀战略家，也是东吴政权中最具有全局意识和战略眼光的。他一生维护孙刘联盟，正是看到孙刘两家均无力单独抵抗曹操，两家交恶的结果必然是被曹操各个击破。鲁肃死后，孙权放弃联合刘备的策略，派吕蒙袭取荆州，虽然取胜，但是在战略上奠定了最后吴蜀两家都被曹魏（以及继承曹魏的西晋）灭亡的结局。

应该说，鲁肃是促成“三足鼎立”格局的重要人物，其历史地位不在诸葛亮之下。只是因为他去世较早，而且不善于战时指挥、临机决断，所以才在文艺作品和传说中成了周瑜和诸葛亮的陪衬，最终落得一个虽然忠厚正直却迂呆无能的形象。

三 谁人真识猛张飞

张飞也是一个家喻户晓的三国人物，人气值直逼关羽。张飞和关羽这两个人，在三国人物中，是形象最鲜明、最为人们熟悉的。为什么这么说呢？假如我们找到随便哪一个版本的三国人物绣像，然后把人物绣像旁边的名字抹掉，让大家来辨认，那么关羽和张飞这两人，是百分之九十九的人都绝对不会认错的。关羽的红脸长髯、手持偃月大刀，张飞的豹头环眼、黑脸大胡子形象，真是深入人心。

张飞一张黑脸、满嘴大胡子的形象，也注定了他的性格必然是粗枝大叶、鲁莽直率的。当然，在民间还有“张飞穿针——粗中有细”的俏皮话，说明张飞的民间形象也不完全是粗鄙无文的。但是总的来说，提起张飞，我们还是大多想到一个“猛”字。比如说戏台上张飞一出场，就伴随着小锣急切的节奏，走到台口一亮相，接着就是哇哇大叫，唱出的戏文都是高分贝又很急躁的。

《三国演义》对张飞形象的刻画，是非常成功的。演义中的张飞，疾恶如仇、仗义直率，头脑略显简单但也有非常机智的表现，不过却脾气暴躁，尤其好喝酒，还常因喝酒而误事。在刘备集团中，张飞是一个屡闯大祸的人物。我们先来看看演义中的张飞都做过哪些事情。

张飞，字翼德，涿郡富户，以杀猪卖肉为职业。张飞生就一副豪杰模样，他身长八尺，豹头环眼，燕颔虎须，声若巨雷，势如奔马。在一个非常偶然的机会，张飞结识了同郡织草鞋的刘备，以及从外地流浪过来的关羽。三人在张飞家后院的桃园结拜为兄弟，张飞年龄最小，是三弟。

刘备起兵讨伐黄巾军有功，但是由于朝中无人，最后只获得了一个安喜县尉的职务，也就是主管一县治安的公安局长。

朝廷派督邮过来视察工作，督邮故意为难刘备，把张飞惹急了。张飞把督邮绑在树上，抽了几百鞭子，等刘备赶到时，这个督邮都快被抽成烂柿子了。刘备也很无奈，把上差打成这个样子，要是上面追究下来，这哥儿仨谁也好不了。没办法，刘备只好把官印挂在督邮脖子上，跟着两个兄弟一起逃跑了。

这应该算是张飞第一次给刘备惹祸，不过刘备自己当这个小官当得也没意思了，或许张飞的爆发，正好给了他一个辞官的由头。

张飞跟着刘备四处转战，终于阴差阳错地获得了一块根据地，就是徐州。占据徐州之后，刘备也称得上是一方势力了，可是徐州地处要冲，周边很多势力都想占据。后来吕布投奔刘备，被刘备收留。

曹操以汉献帝的名义命令刘备攻打袁术，刘备与关羽率军出击，命张飞守徐州。结果张飞又是酗酒，又是鞭打吕布的亲信曹豹。曹豹暗中召吕布来攻打下邳，张飞酒醉不能迎战，只好逃跑。结果吕布顺利占据了徐州，还把刘备的家眷都俘虏了。

这是张飞第二次给刘备惹祸，把刘备好不容易得到的一块根据地给丢了，事态非常严重。所以《三国演义》上描写，关羽得知徐州已失，揪过张飞厉声喝问：“你当初要守城时说甚来？兄长吩咐你甚来？今日城池又失了，嫂嫂又陷了，如何是好！”张飞被关羽说得惭愧无地，就要拔剑自刎，被刘备劝下。后来刘备等人只好反过来去依附吕布，这才暂时有个落脚之地。

后来刘备辗转来到了荆州，依附于刘表，并在新野屯驻。曹操南下荆州，刘备只好暂时躲避，路上被曹操先头部队追上。刘备的军队被杀得七零八落，差点就被曹操军队抓住了。这个时候，张飞挺身而出，站在当阳桥前，大喝三声：“我乃燕人张翼德，谁敢与我决一死战？”结果曹军大将夏侯杰被吓得落马身死，曹操看到张飞在桥后布的疑兵阵，觉得这里面不对，就扭头撤走了。张飞赶紧把当阳桥拆了，保着刘备继续逃跑。

赤壁之战后，张飞被封为征虏将军、新亭侯。刘备率兵入川，因战事不顺，又命张飞、诸葛亮和赵云一起统兵入川。《三国演义》里面说，诸葛亮和赵云一路，张飞单独率一路军，分别入川。事先还约定，比谁先到。结果张飞反而比诸葛亮的进展还要快。当然我们根据正史得说明一下，人们印象中这次军事行动是诸葛亮为总负责人，其实在张飞、赵云和诸葛亮这三个人中，诸葛亮恰是军衔最低的，按理说是指挥不动张、赵两人的。

益州平定，刘备又和曹操争夺汉中。张飞作为主力部队，和曹军名将张郃交战，打得张郃大败，最后只带了几十个士兵逃走。

刘备称帝之后，封张飞为车骑将军、司隶校尉、西乡侯。依汉代官制，车骑将军差不多是将军中的最高等级，仅次于大将军了。

随后刘备准备东向攻打孙权，命令张飞从阆中率军一万，前往江州会合。结果出发前，张飞为关羽报仇心切，酗酒无度，驱使、打骂士卒甚急，后来为部下范疆、张达所杀。

演义中的张飞，大概就是这个形象了。不过随着我们现在掌握的材料越来越多，张飞身上一些以前不为人知的特点开始逐渐浮出水面，以至于有颠覆传统的张飞形象之势。

首先要纠正的就是张飞的名号。文艺作品中的张飞，字翼德，看似很有道理，因为字与名应有一定的联系，有“翼”才能“飞”嘛，不过实际上张飞的字是“益德”，这是在史书上明确记载了的。

其次是张飞的长相，那个深入人心的黑脸环眼大胡子，真是历史上张飞的长相吗？

人们曾经在四川等地发现了一些张飞的雕像和画像，据考证，这些画像的年代在唐朝以前。让人大跌眼镜的是，雕像和画像显示，张飞长得慈眉善目，没有大胡子，脸也似乎没有那么黑。还有人注意到张飞的两个女儿先后都当过蜀后主刘禅的皇后，能当皇后的女子长相应该不差，由此推断张飞应该也是一个美男子。

其实，那些雕刻、画像到底表现的是不是张飞，这个还不能完全肯定。而且，以张飞女儿来推断张飞长相，这个也不靠谱。父母长得漂亮，子女未必漂亮，遗传是很复杂的事。何况皇后这个位置，相对于长相来说，更重要的似乎是德行修养。所以说张飞是美男子的证据，似乎略显不足。只是我们已经熟悉的那个颇具“野兽派”风格的张飞形象，恐怕需要纠正一下。

陈寿写的《三国志》对张飞的长相没有什么记载，其他同时期的史料之中也没有这方面的文字。不过我们应该了解一点，就是魏晋时期有一股品评名士的风潮，而一个人的长相，也是重要的品评内容。《三国志》中对于长相有特点的人物往往都有所描写，但是既然没有提到张飞的长相，那想来应该比较一般，既不特丑，也不特俊。如果真是黑脸大胡子这么有特色，那陈寿恐怕不会不记上一笔。当然，那个时代的审美标准是否与我们一样，这个就不好说了。

综合这些因素，我们虽然不能确切推测出张飞的长相，但是可以确定的一点就是，小说演义、戏曲中常见的张飞形象，肯定是一种民间的艺术加工，是后来（尤其是宋代以后）人们对张飞的一种想象和虚构。

为什么人们会对张飞的形象做这种描绘？其实这样的形象恰是张飞鲁莽、急躁、直率、勇猛等特点的一种表现。那么话又说回来，张飞的脾气秉性到底是什么样子呢？

张飞出身也还算不错，有些史料记载他家世豪富，也算是名流，有些史料中还说张飞擅长书法。20 世纪 80 年代，人们在嘉陵江里发现了一块石碑，上刻“汉将军飞率精卒万人大破贼首张郃于八濛立马勒铭”。据说这就是曾经在一些野史传说中出现的张飞“立马铭”，并且是张飞亲自书写的。碑文字体为隶书，按照书法家的标准，写得也是很不错。但是这块碑到底是不是后人伪造，这个就很不好说了。

即使不考虑这块碑文，张飞擅长书法的说法，恐怕也不是空穴来风。元代书画家吴镇在《张翼德祠》诗作中云：“关侯讽左氏，车骑更工书。文武趣虽别，古人尝有余。横矛思腕力，繇像恐难如。”意思是说张飞擅长书法，甚至比三国著名书法家钟繇还要出色。

看来，张飞还是一个颇有气质、风度极佳的儒将，似乎倒和周瑜有几分相似。

史书记载张飞确实有暴躁的一面，但是总的来说还是知礼节、有分寸的。张飞虽然急躁，但并不粗鲁。怒鞭督邮那个事，按照《三国志》的记载，是刘备自己干的，而不是张飞。张飞入川时，俘虏了益州老将严颜，张飞令严颜投降，严颜却很有气节地说："益州只有断头将军，没有投降将军！"张飞发怒，令人把严颜推出斩首，严颜依然面不改色，还嘲笑张飞："砍头就砍头，你生什么气啊。"张飞觉得严颜是个有骨气的人，就释放了严颜，并好言抚慰，严颜终于被张飞的气度折服，担任了张飞幕僚。正是义释严颜这个事，人们都说张飞有国士之风。

张飞作战，谋勇兼备，是当时的一流名将。他在长坂坡拒水断桥，以二十名骑兵布疑兵阵，而他自己则单枪匹马阻拦曹军。曹军被张飞的气势震慑，居然没有一个人敢上前作战。这才保证刘备有足够的时间逃走。后来刘备任命张飞为巴西郡太守，曹操平定汉中之后，张郃率军侵犯巴西郡，张飞率军出击。张飞与张郃对峙五十余天之后，亲自率领精兵万人，利用地形，从小路袭击张郃，把张郃击败。

张飞为蜀汉政权屡立功勋，名震天下。当时曹操的谋士程昱称关羽、张飞两人都是"万人敌"。

关羽和张飞都有弱点。关羽能够善待士卒，但是对于士大夫十分倨傲，从而留下了骄傲自负的风评。张飞则刚好相反，他尊敬有才能、有名气的人，对属下士兵却十分粗暴，经常鞭打士卒，弄得士兵们对他怨声载道。刘备曾经数次提醒张飞，但是张飞一直不改。

终于，在公元221年，张飞的属下范强（也就是《三国演义》中的范疆，因强字的繁体“彊”与“疆”字相近，所以被误写）、张达，趁张飞熟睡时暗杀了张飞。一代名将，就此落幕。

张飞的形象，在一千多年的历史长河中不断发展变化。本来是一个风度气质俱佳、虽然急躁却也智勇双全的儒将，被演化成了黑脸大胡子、粗鲁直率又勇猛无比的“莽撞人”。这两个形象，一个是历史形象，一个是民间形象。我们很难说哪一个形象更好、更符合我们的审美观，但是可以肯定的是，在百年之后，人们提到张飞，最为熟悉的还会是那个民间形象。

四　“完美将军”赵子龙

如果说在《三国演义》这部小说当中，诸葛亮是最完美主角的话，那么最完美的配角，就非赵云莫属了。在各种三国传说中，赵云武功高强、智勇双全，对刘备忠心耿耿，而且胆大心细，屡屡负责保护重要人物。长坂坡一战，赵云一人在曹军中杀了个七进七出，救出甘夫人和幼主阿斗，立下大功。在蜀魏汉中争夺战中，赵云又布疑兵阵吓退曹操，被刘备赞为“一身是胆”。在蜀国的武将当中，赵云的资历仅次于关羽、张飞。而关羽虽然出色，却过于骄傲；张飞勇猛，却脾气暴躁。相比较之下，赵云不仅智勇足匹关、张，而且为人正直、谦虚谨慎，并且屡屡表现出长远的政治眼光。刘备称汉中王后，封关羽、张飞、赵云、马超、黄忠为“五虎大将”，赵云排名第三，还在马超、黄忠之前。而且，在民间传说和各种戏曲当中，赵云往往是以“白袍小将”的身份出现，是典型的“偶像派”，这也为赵云赢得了更多的“粉丝”。尤其是在邻国日本，赵云受欢迎的程度有时比诸葛亮还要高。

赵云，字子龙，常山真定（今河北正定）人。赵云早年跟随公孙瓒，当时袁绍的势力强大，河北豪强大多去投奔袁绍。赵云带着部从来投奔公孙瓒，倒让公孙瓒感到意外，他问赵云：“听说你们冀州的人大多去投奔袁绍了，怎么你就来投奔我呢？”赵云义正词严地回答：“如今天下纷乱，百姓有倒悬之厄。我们大家都认为，我们应该追随行仁政的名主，而并非有意忽视袁绍，也不是更重视将军您。”此后，赵云就跟随公孙瓒东征西讨。

刘备是公孙瓒的同学，在早年实力不足的时候，刘备一直依附于公孙瓒。赵云作为公孙瓒的部将，当然也就结识了刘备。按照《三国演义》的情节，公元193年，徐州牧陶谦派部将张闿去护送曹操父亲曹嵩，结果张闿见财起意，竟然杀了曹嵩一家，然后卷了金银财宝跑了。曹操迁怒于陶谦，亲自率领大军攻打徐州。陶谦的军队不能低挡，被曹操攻破数座城池。曹操为报杀父之仇，对占领的城池进行屠杀，一时间徐州境内尸横遍野、血流成河。

陶谦无奈之下，只能请求外援。经过孔融等人的介绍，刘备答应率军救援徐州。不过刘备手中兵微将寡，所以只好找公孙瓒借了数千兵马，并连同大将赵云也一起“借”了过来。刘备到徐州之后，写信劝曹操退兵。曹操当然不会怕了刘备这区区几千人马，可是恰在此时，吕布起兵攻占了曹操的老家兖州，曹操无奈之下只好回兵救援，顺便也卖了刘备一个人情。

曹军退走之后，赵云也和刘备辞别，回到公孙瓒身边去了。后来公孙瓒败给袁绍，为袁绍所杀。赵云不愿为袁绍服务，只好浪迹天涯。直到公元 200 年，曹操出兵徐州攻打刘备，刘备打不过曹操，不仅把徐州丢了，而且和关羽、张飞也失散了。待到刘、关、张重聚古城的时候，赵云也和刘备重新相逢，并正式加入了刘备阵营。

从此以后，赵云为刘备出生入死，屡立大功。其中长坂坡一战，无疑是赵云对刘备集团最大的贡献。公元 208 年，曹操大军南下攻打荆州，刘琮不战而降，刘备无奈之下只好舍弃新野，前往樊城暂避。路上，刘备的军队被曹军先头骑兵追上，一阵厮杀，张飞保着刘备跑了，可是刘备的家眷又失散在乱军之中。负责保护刘备家眷的正是赵云。赵云认为，自己即使一死，也要完成保护刘备家眷的任务。于是赵云不顾自己人单势孤，单人匹马闯进曹军阵中，搜寻刘备的两位夫人和幼主阿斗。经过一番苦战，赵云终于把甘夫人和阿斗救了出来。民间传说、戏曲当中，都说赵云在曹营中杀了个七进七出，杀死曹营名将五十几员，曹兵无数。不过按照《三国演义》的描写，我们只看到了两进两出。

此后，无论是刘备还是诸葛亮，都喜欢让赵云担任保卫工作。诸葛亮出使东吴，安排赵云在“借东风”之后来接；刘备到东吴招亲，也是安排赵云随行护卫；刘备把孙权的妹妹娶回来后，东吴方面设计让孙夫人带着阿斗回娘家探亲，想以阿斗来要挟刘备，又是赵云在关键时刻截下了阿斗。

在汉中争夺战中，一次刘备命令黄忠和赵云一起去抢夺曹军粮草。黄、赵两位将军商定，黄忠前去劫营，赵云接应。可是黄忠不慎身陷敌阵，无法突围。这个时候赵云又拿出长坂坡之勇，率军闯入重围，左冲右突，杀散曹军，把黄忠救了出来，退回自己的营寨。曹军尾随而至，眼看敌众我寡、难以抵挡，有人建议赵云紧闭营门、组织防御。赵云却反其道而行之，让营门大开，偃旗息鼓，并在营门前的壕沟里埋伏下弓弩手。曹军赶到，只见赵云单枪匹马立于营门前，脸上毫无惧色，就怀疑这是诱敌之计。曹操赶到，催促士兵攻击。曹军攻到营前，见赵云岿然不动，就退了回去。这时赵云命令壕沟中的弓弩手万箭齐发，营中喊声大振、鼓角齐鸣。其时天色已经昏暗，曹军不知有多少蜀兵，只得扭头逃走。在汉水河边，曹军自相践踏，死伤无数。第二天，刘备来到赵云军营，询问破敌经过，不禁赞叹赵云："子龙一身都是胆啊。"

蜀汉政权建立以后，赵云依然深得刘备、诸葛亮信任。诸葛亮第一次北伐，就让赵云、邓芝率疑兵出斜谷，迷惑魏军。在蜀军败退之后，各部编制混乱、兵将失散。只有赵云这支部队，由于主将亲自断后，使得行伍整齐，没有溃散，而且还保住了不少辎重。

可以说，小说、戏曲中的赵云，是一个几乎没有缺点的人物。赵云无论执行什么任务，都能使人放心。在刘备阵营中，论能力、地位，赵云是仅次于关、张的大将，也是诸葛亮最为倚重的一位将军。尤其可贵的是，赵云也是五虎大将中活得最久、为蜀汉政权效力时间最长的一个，民间传说他寿高七十六岁，在武将当中也是颇为特别。赵云一生征战无数，却从无败绩，人称"常胜将军"。

赵云的文学形象，已经深入人心了，可是历史上的赵云，并不是那么耀眼。

据《三国志》记载，赵云死于公元 229 年，诸葛亮第二次北伐中原之前。按照民间赵云寿高七十六（虚岁）的说法，有人推测赵云生于公元154年，比刘备、曹操都要年长。不过这样的推测显然不是很符合常理。按照这样的说法，公元208年长坂坡之战时，赵云已经54岁了。古人的生活条件较差，衰老速度也快，比如明代一个人年过四十就可以自称老夫了。赵云以五十四岁高龄还能单人匹马闯入曹军大营，救出甘夫人和阿斗，这确实有点夸张。这不是说五十四岁的赵云一定没有这个能力，而是说年过半百的人不大可能这么冲动。赤壁之战后，赵云被刘备任命为桂阳太守，代替原来的郡守赵范。赵范有一个嫂子，守寡多年，颇有姿色。赵范想把她嫁给赵云，拉近两人的关系，结果被赵云严词拒绝。这也可以看出赵云此时正处于婚配的年龄，应该没有五六十岁那么大。总之，以现有的资料，无法确定赵云的生年。

说到“五虎大将”，这其实也是一个由史书中来，却被民间加以发挥的说法。《三国志》中，把关羽、张飞、马超、黄忠、赵云一起列在一个传记当中，后人遂有五虎之称。其实，刘备自立为汉中王后，封了四员大将，分别是前将军关羽、左将军马超、右将军张飞、后将军黄忠。此时赵云的官职只是翊军将军，属于杂号将军的一种，远远比不了另外四人。刘备死后，赵云升任镇东将军、镇南将军，这才真正步入高级将领的行列，与魏延地位相同。

赵云追随刘备的时间很长，虽然比不了关羽、张飞，但是至少也在黄忠、马超之前。论起赵云的功劳，也不算少。蜀汉的历次重大军事行动，都有赵云参加，而且赵云一生确实是少有败绩（当然，败得少未必就算得上“常胜”）。相比之下，赵云的地位却与他的功绩、资历很不相称。这是什么原因呢？

可以说，赵云的职位较低的首要原因，就是他的功劳虽然不少，但是突出的战功不多。尤其是与前、后、左、右四将军对比，赵云劣势明显。关羽是刘备集团地位最高的大将，这点毫无疑问，何况关羽镇守荆州，是一方大员，自然位列诸将之首；张飞的地位仅次于关羽，又有在汉中大败张郃的功劳。黄忠在汉中之战力斩夏侯渊，为刘备夺取汉中立下汗马功劳；马超虽然是势穷投奔刘备的，没有立下什么功劳，可是毕竟马超是凉州军阀，曾经也是一路诸侯，而且马超还是刘备集团中由汉朝中央政府册封的官职最高的人，刘备给朝廷上的自立汉中王的奏表中，马超是众臣中第一个署名的，而诸葛亮只能署名在第五位，关羽则在第六位，可见拉拢马超在政治上的意义重大。比起他们，赵云只能按部就班地打一些意义不是很大的战役，所以地位低也是自然的。

另一方面，也是最主要的原因，就是赵云在刘备集团中的地位比较孤立。我们可以把刘备集团的政治人物大致分为三个派别：元老功勋派、荆襄派和益州派。元老功勋派是指刘备起兵以来一直追随他转战中原的那部分人，比如关羽、张飞；荆襄派则是刘备在落脚荆州投奔他的当地名士，代表人物就是诸葛亮，除此之外还有马良、伊籍、黄忠、魏延等人；益州派则是刘备收服益州之后，着意笼络的当地人才，这部分人是否认可刘备，是蜀汉政权能否稳固的基础，所以他们虽然对刘备的贡献最小，但是地位最重要。

在这三派当中，赵云很显然是属于第一派：元老功勋派。可是元老功勋派又可以分为两大支脉，一个是最早跟随刘备的关羽、张飞，另一个则是刘备在徐州期间招揽的孙乾、糜竺、简雍等人。

赵云不属于这两者中的任何一方。在公孙瓒败亡之前，赵云虽然经常在刘备手下做事，但是从身份上来说，他还是公孙瓒的人。史书上，赵云正式追随，还是在官渡之战前，刘备依附于袁绍之时。所以，赵云在元老功勋派中，是资历最浅而且势力最孤单的一个。

在刘备入川之前，赵云的官职虽略低于关羽、张飞，但是没有质的差别。因为那个时候刘备集团还属于进取期，最重视军功。但是平定益州、刘备称王之后，最重要的任务就是如何平衡各派势力了。这个时候，基本上算是无门无派的赵云，就会吃大亏了。

从赵云的一生履历中，我们可以看出，这个人非常谨慎，而且与人为善，和各派势力之间都没有什么大矛盾。但是这样谁也不得罪的人，往往也不会被任何一派认可。在“不怕做错事，就怕站错队”的古代政治环境下，赵云虽然没有站错队，但前提是哪一队都没他的份，这样他的前途就可想而知了。

赵云的为人算得上正直，而且有公而忘私的优秀品格，这与他无门无派的立场是相关的。赵云的这些优点，也会给他带来一些负效果，那就是不得罪人则已，一旦得罪人，就是所有人一块得罪。比如刘备入川之后，因为战乱，成都附近出现了不少无主的田宅，刘备打算把这些产业都分赐给有功人员。但是赵云提出，当年霍去病说过，匈奴未灭，何以家为；现在天下未定，还不是将领们安定的时候。待将来天下太平，我们都可以回到自己的家乡。我们现在应该把这些田产都还给益州百姓，这样可以安抚民心，稳定局面。刘备觉得有道理，就听从了赵云的建议。

赵云的这一条建议，虽然有利于刘备集团的长远发展，但是在现实中，他得罪了除刘备之外的所有人。那些为刘备征战的将士，因为赵云的几句话，本来应该到手的房产土地都没有了，他们能高兴吗？赵云这个打击面极大的建议，无疑会使他更加孤立。

综合这些因素，看来以赵云的条件，能够混到和关、张、马、黄同列一传，已经是非常不容易了。

虽然赵云在政治上是比较孤立的，但是没有派别的人往往最得领导信任，所以刘备也很倚重赵云，经常让赵云打理内务，比如孙夫人来到荆州之后，纵容吴兵横行不法，无人能治。刘备就让赵云去约束内宅，管理孙夫人及其属下，取得了不错的效果。赵云还担任过刘备的留营司马、中护军等职务，这些职务都与执行法令、调动人事有关，需要的就是公正耿直的品格，这正是刘备对赵云的认可。

赵云在军事上的表现不算太突出，但是屡屡提出一些有益的见解，可以说具有武将中难得的政治眼光。除了上文中劝刘备不要将田产分赐诸将以外，劝阻刘备伐吴也体现了赵云的远见。刘备称帝后，准备东伐孙权。赵云就出来劝阻，他说，国贼是曹操，而不是孙权。如果我们能消灭魏国，那么孙权自然也可以收服。现在曹操虽死，但是汉室已经被曹丕篡夺，我们正应该利用人们对曹丕的愤怒，出兵关中，收复中原。不应该弃国贼而不顾，反而先与东吴交战。可惜赵云人微言轻，刘备没有听从他的建议。

史书中的赵云，固然没有小说中描写的那样完美，可是也确实没有什么大的缺点。与没有缺点相对应的，就是优点也不是很突出。他在蜀汉政权中的地位，远没有小说中描写的那么高。只是因为《三国志》中有《关张马黄赵》列传，才使赵云成为民间的“五虎上将”之一，并且在排名上也逐渐超过马超、黄忠，最终跃升至第三位。可以说，民间的赵云形象，是人们对勇敢、正直、忠诚、谨慎、睿智等品质的一种寄托，也是人们对超越现实的完美形象的一种追求。

千古留名杨家将

杨家将的系列故事，可以称得上流传极广、人尽皆知。杨家一门忠烈，他们的事迹感人肺腑，至今都是忠臣良将的代名词。而他们的命运又十分凄惨悲壮，从老令公杨继业算起，几乎每一代的大部分男子，最终都为国捐躯，正如东汉马援所说，大丈夫当战死沙场，马革裹尸而还。当杨家将的故事接近尾声，人们看到杨家男丁几乎死亡殆尽，只剩下十二名寡妇，还要率军出征时，相信没有人会不为之动容。

另一方面，阳光之下总有阴暗的角落。当杨家的忠臣们在前线浴血奋战的时候，朝堂之上的奸臣们却嫉贤妒能，暗中使坏。比如那个公报私仇、让人恨得牙根直痒的潘仁美。而且偏偏这些奸臣还深得皇帝信任，弄得忠良们总是无法施展才能，屡屡功败垂成。

像杨家这样的国家栋梁、边关的守护神，为什么却总是斗不过奸臣？为什么宋朝的皇帝都那么糊涂，总是偏袒奸佞？为什么堂堂大宋，居然除了杨家，就再也没有人能防御边疆、打退番兵？

经过说书人历代相传的杨家将故事，到底是历史的真实，还是艺术的虚构？记载在史书上的杨家将，与民间传说之间，有多大的差距？

一　七郎八虎，一门忠烈

唐朝灭亡之后，就是战乱纷争的五代十国时期。在征战了五十多年之后，终于有一个大将赵匡胤，消灭了很多割据势力，建立起大宋政权，天下因此有了统一的希望。

北汉政权是当时的一个地方割据势力，主要占据了今天的山西省，并和北方少数民族契丹建立的辽国勾结。宋朝出兵攻打北汉，遭遇北汉的大将杨继业的抵抗。杨继业曾经在北汉边境长期防御契丹，英勇无畏，屡立战功，人称“杨无敌”。后来宋朝还是灭亡了北汉，杨继业看到宋朝统一是大势所趋，也就归降了宋朝。

杨继业常年和契丹作战，积累了丰富的作战经验，宋朝皇帝也继续任命他作为边防将领。杨继业不仅本人骁勇善战，他的几个儿子也都勇猛异常。杨继业共有亲生儿子七人，义子一人，号称“七郎八虎”，也都是屡立战功，为皇帝所器重。

杨继业得到皇帝的信任，让其他将领颇为眼红。这其中，就包括深受皇帝信任的潘仁美。因为杨继业的七儿子杨延嗣曾经失手打死了潘仁美的儿子潘豹，所以两家结下了梁子，潘仁美就总是想把杨家的人都害死。

宋辽两军交战，由于杨家将英勇作战，辽军不能获胜，就想出了一个诡计：谎称要和宋朝议和，在金沙滩设宴，两国皇帝参加。杨继业看出这是“鸿门宴”，对方没安好心，于是就让自己的大儿子假扮成宋太宗赵光义，二儿子假扮成八王千岁赵德芳，而三郎、四郎、五郎、八郎则跟随护卫，前去赴宴。杨继业带着六郎杨延昭、七郎杨延嗣率精兵护送正牌的赵光义突围。

辽国方面发现宋朝皇帝是假的，明白自己的计策已经失败，就和宋军展开大战。激战中，杨大郎、二郎、三郎都死于乱军之中，四郎和八郎被辽军俘虏，五郎逃到五台山出家为僧。

而杨继业和六郎、七郎保着皇帝突围，终于将宋太宗送回宋军大营。但是杨继业和两个儿子身陷辽军重围。杨继业派出七郎杨延嗣去雁门关找潘仁美搬取救兵，谁想潘仁美公报私仇，不仅不发救兵，反而将杨延嗣吊在旗杆上乱箭射死。杨继业等不来救兵，无奈之下，撞死于李陵碑上。杨延昭则在乱军之中和父亲失散，侥幸没有战死。

金沙滩这一战，杨家人死的死亡的亡，都是为了大宋江山而作出的牺牲。但是宋朝皇帝不仅不感念杨家的恩情，反而听信潘仁美的谗言陷害，继续迫害忠良。杨延昭屡次状告潘仁美，都没有成功。后来名臣寇准当了开封府尹，秉公断案，再加上八王千岁赵德芳的帮助，杨家终于告赢了潘仁美。可是由于潘仁美的女儿是皇帝的爱妃，所以潘仁美尽管被削职为民，却仍然保住了性命。后来悲愤异常的杨延昭在潘仁美叛逃的路上将其截杀，总算为父亲兄弟报了血海深仇。

虽然奸臣潘仁美身亡，可是杨家的悲惨命运并没有结束。另一个大奸臣王强取代了潘仁美的位置，继续迫害杨家。王强的真实身份其实是辽国派过来的奸细，他的任务就是陷害忠良，让宋朝自毁长城。这样，杨延昭一方面要守御边关，与敌人战斗；另一方面又要在朝中奸臣无时不在的暗算之下保全自己。幸好寇准、八王千岁以及大将呼延赞等正直忠臣都在维护杨家，这才使得杨延昭数次化险为夷。

后来宋辽议和，北边战事稍安，可是西夏又入寇宋朝。杨延昭和儿子杨宗保等率军出征，全部阵亡。此时杨家已经没有成年男丁，宋朝又没有其他的武将有能力带兵抵抗西夏，形势十分危急。这个时候，杨府中以老令公杨继业夫人佘太君为首的女眷们，毅然肩负起保卫国家的重任，杨门十二名寡妇挂帅西征，终于击败西夏，得胜而回。

这就是杨家将故事的一般版本。由于描写杨家的小说很多，情节上也都有所出入，所以我们并没有一个可以依靠的权威作品。这里所叙述的杨家故事，也是综合了《杨家将演义》《杨家府演义》《北宋志传》等书的内容，以及很多戏剧曲目之后，所做的一个简要陈述。杨家将的故事大家本就耳熟能详，而且评书、戏曲又多以此为题材，感兴趣的读者都可以找来作为参考。

二　从杨继业到杨六郎到杨文广

杨家将的故事，在很多小说、戏曲当中都有记载。如果和其他历史故事比较起来，杨家的故事被民间熟知的程度，可以说仅次于三国和水浒的故事。杨家的故事甚至比岳飞的故事还要深入人心。

我们说起三国的故事，就要说到文学名著《三国演义》，而说到水浒英雄，当然少不了提到《水浒传》。相比较而言，杨家将的故事众多，描写杨家的小说也很多，不同的小说中记录的情节、人物关系等等都有所不同，这样我们反而找不到一个可以当作权威版本的杨家将小说。

杨家将的故事发生在北宋，而在南宋年间，一些说书艺人就开始以杨家为题材，创作了很多评话作品。明朝时，各种话本小说盛行，关于杨家的故事也出现了《杨家府演义》《北宋志传》等作品。这两部小说较早地把流传已久的杨家将故事集中综合成书，后世的杨家将小说，大多以这两部书为蓝本。明朝嘉靖年间，又有《杨家将演义》（或简称《杨家将》）一书，内容与以上两本书基本相同，不过描写更为细致，情节安排和人物刻画更加出色，逐渐就成为各种杨家将故事的底本。此后人们在这些书籍的基础上不断扩充、编纂新的作品，使杨家的传说越来越丰富、感人。

但是传说毕竟是传说，与历史记载肯定是有差距的。

杨家将中，第一个需要说的人物当然是老令公杨继业。杨继业在历史上是有原型的，就是宋初名将杨业。杨业本名杨重贵，山西太原人，原是北汉守边大将，与契丹作战多年，战功赫赫。北汉皇帝刘崇很看重杨重贵，收其为养孙，赐姓刘。按照刘崇孙子的排辈，名字中间应为“继”字，杨重贵就改名刘继业。

公元979年，北汉被宋朝灭亡，刘继业归降宋朝，改回本姓。原来那个北汉皇帝养孙的身份不复存在，名字当中的“继”字当然也就没有意义了。史书上一般都称他为杨业。

杨业在北汉期间就以抵御契丹而出名，归降宋朝之后，作为边关将领，曾经数次击败辽国的入侵，以至于契丹军队往往一见到杨业的旗号就撤军而走。

后来，辽国经历皇位更迭，幼主即位，萧太后执掌朝政。宋太宗赵光义认为这是千载难逢的打击辽国的大好时机，于是在公元986年，派出三路大军北上收复幽云十六州。这三路军是：曹彬率领的东路军、田重进率领中路军、潘美率领西路军。杨业也参与了这次军事行动，是西路军的副将。

三路大军出击，开始进展顺利，收复了一些土地。可是宋军上下明显低估了辽军的实力；先是东路军因粮草不济无法前进，随后中路军遭遇重创；西路军孤军深入，已经没有胜算，宋太宗只好命令全军撤回。

但是撤退时宋太宗又下命令，要求西路军把已经收复的土地上的百姓一起护送回来。面对这个棘手的任务，杨业向主将潘美建议，以一部分兵力佯攻，吸引辽军主力，而精兵埋伏在各要处，掩护百姓撤退。

这本来是一个很稳妥的办法，可是监军王侁认为己方兵多势众，应该顺大路行进，从雁门关北上，正面抗击辽军。杨业与之争辩，却被嘲笑为胆小懦弱。杨业无奈之下，只得要求自己率军打头阵。杨业临出发前对主将潘美交代："我这一去恐怕是会打败仗了，请将军能够布置兵力在陈家谷埋伏，这样敌军追来时，还有反败为胜的机会。"

杨业率军出击，果然寡不敌众，被辽军击败。杨业率军败走，到了陈家谷，却不见有伏兵接应。辽军把杨业四面围困，杨业力战不支被俘。杨业和辽国人也是打了大半辈子的仗，彼此也算是熟人，辽国人劝杨业投降，杨业拒不答应，最后绝食而死。

杨业虽然没有什么文化，但是很有谋略。他善待士卒，与士兵同甘共苦，深得士兵们爱戴。杨业的死讯传回国内，人们无不为他悲哀流泪。由于监军王侁和主将潘美对于杨业的死负有直接责任，所以这两个人也都受到了皇帝的处罚。潘美被贬官三级，王侁则被革职为民。

史书上记载杨业有七个儿子，这也是“七郎八虎”的原型。不过他的众多儿子当中，只有长子杨延昭名气最大，其余人的事迹则没有什么材料可供查询。

杨业死后，他的儿子杨延昭继承其遗志，继续活跃在抗辽前线。各种评书、小说中都说杨延昭是杨继业第六子，人称“杨六郎”，其实史书上一般都说杨延昭是长子，或者是次子。

杨延昭本名杨延朗，后来改名杨延昭。杨延昭幼年时就喜好军事，也经常做打仗的游戏。杨业曾经说过：“这个儿子最像我，出征时我都要带着他。”所以杨延昭早年就跟着自己的父亲参加了很多战役，表现出色。

公元999年，辽国大军入侵，攻打遂城（今河北徐水县东）。杨延昭在遂城守卫，他一方面安排守城，另一方面则派人求援，但是宋军主将畏敌如虎，不敢救援。杨延昭手中只有三千士兵，他发动城中民壮协助防守。一直坚持了一个多月。时值初冬，本不十分寒冷。可是有一天突然气温骤降，杨延昭利用这个时机，命令城中居民打水浇灌城墙，一夜之间遂城的城墙变成了一堵“冰墙”，又坚固又光滑。辽军难以攻打，只好绕过遂城，去进攻别的地方。杨延昭趁机出城掩杀，打得辽军大败。

第二年冬，辽军又南下侵犯宋朝。杨延昭决定采用诱敌深入的办法来伏击来犯之敌，在遂城以西的羊山埋伏精锐，而命令少量骑兵前去诱敌。辽军追杀宋军骑兵，宋军骑兵且战且走。到了羊山包围圈，宋军伏兵四起，辽军大败，辽军主将也被杨延昭斩首。后来当地居民为了纪念这次胜利，就把羊山改名为“杨山”。

这个时候的杨延昭，虽然战功卓著，但还只是一个低级将领，所统率的部队也不过几千人。直到公元1004年，杨延昭的部队才扩充到一万人。

公元1004年，辽朝皇帝和萧太后率领大军，大举南下侵宋。辽军兵锋，直抵黄河北岸的澶州（今河南濮阳）。宋朝君臣皆惊，意欲迁都躲避锋芒。宰相寇准坚决主张抵抗，强劝宋真宗御驾亲征。杨延昭作为经验老到的边将，也上书陈述破辽之策。宋真宗同意亲征，到达前线之后，宋军士气大振，而辽军则屡战不利。形势开始朝着对宋朝有利的方向发展。但是宋真宗畏惧辽兵，并不敢认真抵抗，对于杨延昭等边将提出的制敌之策也不予理睬，而是一意讲和。大臣们多数也都不愿意抵抗。宋朝君臣的这种消极避战态度，最终促使辽宋之间“澶渊之盟”的签订。

盟约规定，辽宋为兄弟之国，双方以白沟河为界，互不侵犯。宋朝每年向辽国输送“岁币”银十万两，绢二十万匹。在边境开辟榷场，进行互市贸易。

从条约内容来看，宋朝以比较少的经济代价（与宋朝的财政收入比起来，岁币的数额确实不多），使辽国撤军，并得到了辽国不再南侵的承诺。虽说付出不算多，但确实是一个比较屈辱的条约。杨延昭对这个条约就很不满意，于是率领所部万余兵力，趁辽军南撤之时追击，进抵宋辽边境，攻破辽国境内的古城而还。

主战派的宰相寇准对于杨延昭非常赏识，“澶渊之盟”后，经寇准推荐，杨延昭担任了宋朝高阳关路的主要军事负责人，担负河北防御。杨延昭作战勇敢，每战必身先士卒，深受士兵爱戴。由于他屡次击败辽军入侵,契丹人对他非常畏惧,称他为“杨六郎”。所谓“六郎”是指天上的星宿，契丹人把杨延昭看作星宿下凡，并不是说杨延昭是杨业的第六子。

后来寇准被免除宰相之职,宋真宗用主和派的王钦若为宰相。王钦若不断打压主战派，杨延昭的日子也过得颇不如意。公元1014年，杨延昭病逝，终年五十七岁。

小说中说杨延昭的儿子是杨宗保、杨宗勉，有些小说中说杨宗保的儿子是杨文广,而有些小说则认为杨文广是杨宗保的弟弟，杨延昭幼子。其实，杨延昭一共有三个儿子：杨传永、杨德政、杨文广。前两人的事迹不突出，杨文广则跟随范仲淹抗击西夏，立有功勋。

从史书的记载来看，杨家将的各种传说与实际历史的差异，确实是不小。杨家诸将确实是北宋边关抗击辽国的重要将领，但是无论是杨业还是杨延昭，他们的实际职位都不算高，在边境发挥的作用也没有小说中那么大。

杨业战死沙场，潘美、王侁脱不开干系，但是也不能说就是有人处心积虑地要陷害杨业。所谓潘、杨两家的仇怨，更多的是后人的虚构。宋太宗也不是个糊涂皇帝，杨业战死之后，他很快就查清了战败的责任，并因此处罚了潘美和王侁。那些杨家含冤多年屡次状告潘仁美的桥段，也只是小说戏曲的演绎而已。既然没有所谓的“潘杨一案”，那么寇准断案保护杨家的故事也就不存在了，甚至寇准本人都未必见过杨延昭。

由于杨延昭的职位不高，而且一生中大部分时间都在边关守御，所以也没有朝中奸臣屡次陷害杨延昭的记载。有宋一朝，文臣压制迫害武将的事情很多，宋真宗的宰相王钦若也确实有意压制主战派，但这并不是针对杨延昭个人的。或者可以说，以杨延昭的地位身份，还不值得朝中的奸臣处心积虑地去陷害。

至于杨家几代人之间的亲属关系，我们也已经说明了，与小说故事中都颇有不同。

其实，在杨家将的故事中，被“戏说”的不仅仅是杨家，很多同时代的相关人物，都被篇幅规模庞大的杨家将故事包裹了进去，并作出了不同程度的歪曲。

三　杨家将身边的那些人

听过杨家将评书的人，肯定都会对大奸臣潘仁美切齿痛恨。要不是有潘仁美从中作梗，杨家又怎么会有那么多人战死沙场？要不是潘仁美陷害忠良，堂堂大宋又怎么会屡次败给小小的辽国番邦？

小说中的潘仁美确实也有他的历史原型，那就是北宋名将潘美。潘美是宋太祖赵匡胤和宋太宗赵光义都非常信任的一个大将。潘美在宋朝统一的过程中，发挥了重大作用，可称战功卓著。史书上说他，“平南汉，收南唐，灭北汉，所向披靡，功勋彪炳”，若论在北宋政权中的地位，潘美比起杨家来要高得太多了。

公元986年，宋军三路大军攻打辽国，意图收复幽云十六州。这次战役中，潘美作为西路军指挥，初期一帆风顺，势如破竹。但是在陈家谷口一战中，潘美没有能够按照原计划出兵援助杨业，致使杨业被辽国俘虏，最后身死。这就是小说中潘仁美陷害杨继业故事的原型。

历史上的潘美到底应该为杨业的死担负多少责任呢？从事情的起因来看，监军王侁不听杨业的建议，反而以胆小怯懦来嘲笑杨业，让杨业不能接受。而且，根据史书记载，王侁的话说得很过分，他甚至把杨业的建议说成是别有用心。杨业为了表明自己的忠诚，只能请战，担任前锋。潘美本来是在陈家谷布置了伏兵，可是在等待杨业的时候，王侁又臆测杨业已经获胜，就建议潘美快点出兵和杨业抢功劳。于是潘美撤去伏兵，准备北进。但是随后杨业战败的消息传回来，潘美等人又不救援杨业，撤兵逃走了。

派杨业出击，不是潘美的本意。后来潘美也确实在陈家谷布置了伏兵，可是又撤走了。从中可以看出，潘美在这次出征中，瞻前顾后、犹豫不决，被监军王侁等人左右，布置失当，失陷部将，罪责难逃。但是公正地说，他在主观上并没有要害死杨业的意思。

以潘美这样的功勋重臣，怎么会被一个小小的监军左右，难道潘美还会怕了王侁吗？在当时的环境下，恐怕潘美真的是很怕王侁。北宋时期，皇帝一直都对在外作战的武将不放心。史上记载，宋太宗不仅喜欢派人去监视武将，而且在武将出发之前，还要授予阵图，要求武将严格按照阵图上的布置来打仗。有宋一朝对武将的防范与压制简直到了让人窒息的程度。在这样的大环境下，潘美尽管资历老、地位高，可是对于皇帝派来的监军，还是不敢违逆。从历史上看，宋太祖、宋太宗时期，很多名将都有遭到猜忌被解职的经历，这些人当中有的比潘美的资历还要老，地位也更高。前车之鉴犹在，恐怕潘美不能不慎重。

从另一个角度来说，潘美虽然战功卓著，但是总的来说，能力不算特别出众，他的那些胜仗也多是水到渠成的。潘美和曹彬这两个人之所以成为当时最受皇帝信任的大将，更多的也是他们的老实、听话。从这个角度想，我们也就明白为什么一个监军王侁就能左右潘美的行动了。

宋太宗了解了事情经过之后，也知道杨业战死的主要责任不在潘美，所以只给了潘美降职三级的处罚。而监军王侁被贬职为民、一撸到底。

当然，即使是监军王侁，我们也只能说他是不懂情况瞎指挥，而不能说他存心算计杨业。

古代的历史演义小说中，如果没有一个突出的反面人物，那就不能吸引读者的眼球。《三国演义》中有曹操，《水浒传》中有几大奸臣，这几乎已经成为一个固定模式了。要描写杨家的悲剧，就必须有一个奸臣来衬托。恰好潘美是杨业的主将，所以这个“光荣的帽子”就落在他的头上了。史书记载潘美在攻辽之后第二年就病死了，死后配享宋太宗庙，荣宠至极。至少在宋家皇帝看来，潘美不是什么奸臣。

即使我们知道戏曲小说歪曲历史人物是很常见的，但潘美也确实是被歪曲得太厉害了。据说现代有些地方还有潘、杨不通婚的习俗，杨家人遇到潘家人就视如寇仇，这实在大可不必。历史上的潘、杨两家本没有那么大的仇，我们何苦因为一些小说戏曲就人为地制造隔阂呢?

说完大反派，我们再说说几个正面人物。首先就是对杨家帮助最大的皇族——八王千岁。宋太祖赵匡胤建立起宋朝之后，却没有传位给儿子，而是传给了兄弟。宋太宗赵光义本名赵匡义，是赵匡胤弟弟。为什么皇位传弟弟不传儿子，这个有很多种说法。有的是说这是太祖生前的约定，有的则认为宋太宗弑兄篡位。无论哪种说法是真，总之宋太祖的几个儿子在宋太宗时代，肯定会是比较特殊的存在。

宋太祖赵匡胤一共有四个儿子，长子赵德秀、三子赵德林都早亡。只剩下二子赵德昭、四子赵德芳。杨家将的各种小说戏曲中，都把八贤王描绘为公正贤明、正气凛然的角色。他是太祖之子，手持太祖亲赐（有的说是太宗亲赐）的金锏，上打昏君、下打奸臣。如果说奸臣们最大的靠山是皇帝，那么八贤王就是忠臣阵营的最大靠山。小说戏曲中的八贤王，有些版本是赵德芳，有些版本是赵德昭。

无论是赵德昭还是赵德芳，他们都不是宋太祖第八子，而且宋太祖根本也没有八个儿子。所以，“八贤王”这个说法是没有历史依据的。

大多数戏曲传说中，都称八贤王名赵德芳，这样看来赵德芳应该是八贤王的原型。不过也有史料记载，赵德昭曾经深得太祖赵匡胤信任，被赐予金锏一柄，“如不法之属得专诛戮”。这样看来，赵德昭似乎也有“嫌疑”。

不过，如果我们看看这两个人的生平，就知道无论是赵德芳，还是赵德昭，都不像是这个八贤王。德昭、德芳兄弟两人是太祖赵匡胤的儿子，按照法统来说，都有继承皇位的权力。赵光义对这兄弟两个都十分忌惮，时刻提防。

公元 979 年，赵光义亲征太原。有一天夜里，突然营中惊扰，将士们认为有敌人来袭，四处寻找赵光义，却找不到。情急之中，有人提议立赵德昭为天子。

虽然有这次惊营事件，但是太原之战还是取胜了，按规矩要奖赏将士。战后，赵德昭为将士们请求封赏，赵光义很不高兴，居然说道："等你当了皇帝，再封赏他们吧。"赵德昭闻言大惊，知道叔父眼睛里容不下自己，于是就自杀了。死时虚岁才二十九。

赵德昭死后两年，公元 981 年，赵德芳也病死了。赵德芳死时更年轻，只有二十三岁。

杨业是公元 979 年归顺宋朝，公元 986 年战死的。在杨业死前，宋太祖的这两位儿子都已经去世了，当然不可能在以后为杨家申冤。

所谓的八王千岁，其实只是人们对于惩治奸臣、维护忠良的一种心理需要。历史上并没有一个可以明确作为八贤王原型的人物，虽然戏曲小说中多以赵德芳作为八贤王，但这也仅仅是借用了赵德芳的名字而已。

小说中的八贤王既然是于史无载，那么杨家将的忠臣阵营岂不是太过单薄？不要担心，至少宰相寇准还是实有其人的。

传说中的寇准，绰号"寇老西儿"，是一个清正廉洁、机智聪明、风趣幽默的官员，宋太宗听说他善于断案，就把他调到京城，让他来审问潘杨两家的官司。寇准在审案时不畏权贵，发挥自己的聪明才智，终于断定潘仁美有罪，替杨家平反昭雪。此后，寇准以自己的智慧，周旋于皇帝、八王、杨家、奸臣之间，尽其所能除恶扬善，规劝皇帝，保护忠良。

历史上的寇准，也确实是宋朝名臣，官至宰相。小说戏曲中的寇准，和八王千岁走得很近，但是我们也说过了，历史上没有所谓的八贤王。而且在当时很多人都认为宋太宗应该立太祖之后为储君的时候，寇准则是坚决主张宋太宗立自己儿子为太子的。正是因为如此，所以宋太宗才十分信任寇准。

因为历史上的潘家与杨家根本没有那么大仇恨，所以也没有所谓的潘杨之案。寇准审案的故事，当然不是真的。历史上寇准最重要的政治活动，就是在辽国入侵时力主抵抗，与投降派抗争。最后“澶渊之盟”的签订虽非寇准本意，但是毕竟宋朝损失不大，并能维持一定时间的和平局面。寇准对于“澶渊之盟”的签订，可以说功不可没。不过“澶渊之盟”签订几年以后，寇准就被免除相职，贬到地方去了。

目前我们所能见到的史料当中，没有哪一条直接显示寇准与杨家人曾经打过交道。当然，寇准身为宰相坐镇中央，杨延昭镇守边关，相互之间肯定会有文书往来。寇准和杨延昭都主战，寇准也曾经上表推荐过杨延昭，但是两人是否有私交，我们实在不得而知。

由于杨家将的故事很多，有些甚至一直写到杨继业的第八代、第九代子孙，所以我们也不能对出现在故事中的所有历史人物都进行辨析。总的来说，随着杨家将故事的不断扩展，里面虚构的成分越来越多，在历史上能找到原型的则越来越少。

在杨家将这个大宋忠奸斗的系列故事中，我们只能些许看到历史脉络的影子。相比于《三国演义》等小说，杨家将的故事偏离历史的轨迹更多。作为文艺作品而言，在基本史料的基础上进行艺术加工，使之脱离历史，这本来也是正常。可是文艺作品长期流传，使得很多人把传说当成了历史，这个就需要我们努力去纠正了。

四　大宋朝——良将的坟墓

在杨家将的故事中，北方辽国并不是什么重大威胁，似乎只要朝中有忠臣良将，他们就不足为惧。而杨家将真正的敌人，却是朝中那些嫉贤妒能的奸臣。杨家将的故事只是一个代表，很多表述忠良的小说，都是走的杨家将的模式。比如“呼家将”系列，反映的是宋朝开国名将呼延赞家族的故事，故事中的奸臣庞文，也如同杨家将中的潘仁美一样，狠毒残忍。在评书领域，呼家将和杨家将的题材是很受欢迎的，有“金呼家，银杨家”的说法。

“杨家将”和“呼家将”的系列故事，都带给人一种强烈的悲剧色彩。虽然这些故事中不乏一些喜剧性的描写，但总体上的格调是比较低沉的，因为那些为国为民浴血奋战的忠良，可能不会在战场上战死，但似乎总是逃不过朝中奸臣的暗害。与之类似的，还有狄青和岳飞的故事。这些故事，都有一些相似的特点，比如番邦对大宋虎视眈眈，大将在边关浴血奋战，朝中的奸臣陷害忠良，皇帝不辨忠奸屡屡犯错。在这些故事的主角身上，都体现出了一个“冤”字，而且往往虚构的比起历史上真实存在的还要冤。岳飞被秦桧以“莫须有”的罪名陷害致死，这在历史上已经可以称得上千古奇冤了。可是翻开杨家将、呼家将的故事看看，金沙滩之战、肉丘坟，哪一个看起来都比岳飞还冤。有谁在看到潘仁美、秦桧、庞文这一干大奸大恶的名字出现在书中时不咬牙切齿、刻骨痛恨呢？更有情绪高涨的读者，恨不得自己冲进故事里，把这些佞人千刀万剐。

有意思的是，这类故事，大多都以宋朝为背景。似乎大宋朝的冤案特别多。有民间传说，因为宋太祖被宋太宗夺了皇位，临死立下诅咒，让大宋历朝历代奸佞不断。其实我们也知道，有些小说戏曲中的奸佞，历史上未必是奸佞。而另一方面来说，即使不是奸佞，也有可能会陷害忠良，这在宋代尤为常见。

宋太祖赵匡胤本是后周大将，当年是靠兵变夺了后周的皇位，才当上皇帝的。正因为自己出身于武将，靠武力夺取了皇位，所以宋太祖最害怕的就是在他建立的朝代出现第二个赵匡胤。历史上有名的“杯酒释兵权”，就是宋太祖借宴饮之机，用既劝解又威胁的办法，使那些掌兵大将交出了兵权。此后，宋朝一直实行以文制武的政策，无时无刻不在防备立有大功的武将。而且，宋朝还实行优待文官、士大夫的政策，以提高文官的地位来压制武将。

平心而论，宋代的这种政策，很有文官政治的色彩，从人类文明发展趋势来看，也是进步的表现。宋代重视文官，与士大夫共治天下，宋太祖还立下誓约，不杀士大夫。这些措施，都使得宋朝文化昌盛，舆论风气开放，言论也比较自由。但是这样的政策也造成了很多负面影响。

宋太祖“不杀士大夫”的誓约，当然不可能公开宣布出来，否则就等于鼓励士大夫犯罪。但是宋朝的文臣们从皇帝的表现当中，必然也看出了些许端倪。据北宋名臣范仲淹所说，宋朝自建立以后，没有轻杀一个大臣，这是盛德之事。话又说回来，当一个集团意识到自己的行为所受到的最严厉制裁也不够死刑的时候，那他们的勇气也就不是一般地大，不管是做好事还是做坏事。所以宋代的文官集团们，可以说是比较嚣张的。

文官主政，总好过武将专权。文官士大夫集团嚣张，也总比武将嚣张要好。可是凡事都要有一个度。从史书的记载来看，宋朝对士大夫们的宽容几乎已经到了无原则的程度。有个官员贪污，皇帝想杀他，结果愣是被大臣们给劝阻下来，到最后不但没杀，连流放都流放不成。很多人都以此作为宋朝重视文化、优待知识分子的标志，但是有一个前提不能忽视，那就是“士大夫”这个词，本身不代表品德一定高尚，更不代表一定是好人。

士大夫们在宋朝这样宽松的言论环境下，没有研究出如何解放人性，却发展出了“程朱理学”这一套远远超过前朝的压制人性的理论（“程朱理学”也是我们的传统文化瑰宝，此处仅仅是说了理学的一个不太好的方面而已），这本身就是一个有点讽刺意味的事情。

在宋朝皇权的宽容之下，文官士大夫集团一直热衷于两件事：一是压制自己之外的武将集团，从一切细微之处阻止武将集团对权力的染指，杜绝哪怕是很小的让武将们得势的机会，维持文官集团整体的利益；二是文官集团内部的党同伐异，以争取使自己这一派能独占所有文官集团的利益，也就是北宋后半段持续不断的党争。

党争这个事情，其实在宋朝前期就已经有了苗头。文官们对持不同政见的对手们进行攻讦，都以“奸佞”来辱骂政治对手。文官在朝堂上骂，老百姓在民间也跟着骂。其实被骂的那个不一定是奸臣，而骂别人奸臣的那个，也会被别人骂成奸臣。可以说，宋朝的奸臣多，其实就是文官们互相辱骂攻讦的结果，在民间被当成奸臣角色的人，在历史上很可能还是一个名臣。

文官们自己互相骂，而在他们感受到武将的威胁时，又会一致对外，用各种办法迫害武将。宋朝不仅在政策上实行重文抑武，即使在社会风气的塑造上也是尽可能达到鄙视武将、蔑视军人的效果，极力贬低武人的社会地位。宋朝征兵，要在士兵脸上刺字，待遇等同于囚犯。在这样的氛围下，宋军的战斗力怎么可能强？

狄青的遭遇就能很好地说明问题。狄青是北宋仁宗时代的名将，他从一个普通士兵开始，靠着战功不断得到提升，成了一位统帅。他在与西夏作战时屡立战功，后来又平定了广西的侬智高叛乱，功勋卓著。狄青因此被提升为枢密使，当了宋朝的最高军事长官。

但是宋朝实行以文制武之策，枢密使这个职位，一般都是由文官来担任的。狄青以武将身份担任这个官职，明显是侵犯了文官集团的利益。于是以欧阳修、文彦博为首的文官系统，就开始用各种手段对狄青进行舆论攻击。其实狄青为官素来谨慎，约束自己和家人，没有任何违法犯禁之举。但是文官系统就是不饶他。欧阳修、文彦博等人找不到狄青的罪证，就把当年发水灾归结到狄青头上，他们用阴阳五行的观点，认为水是属阴的，兵也是属阴的，武将更是属阴的，正是因为任命了狄青这个武将，所以才会有水灾。宋仁宗开始还想保护狄青，说“狄青是忠臣”，可是文彦博居然回答：“太祖当年不也是周世宗的忠臣吗？”

文官集团不仅在朝堂上排挤狄青，在民间他们也掀起各种谣言，展开舆论攻势。狄青无论做什么，都有人说他有造反的心思。最后没有办法，狄青终于被罢免了枢密使的职务，去地方当官。即使这样，朝廷还不放过他，时不时派人过来调查、监视。狄青终于忍受不了这样巨大的心理压力，最后暴病而亡。

狄青一生谨慎，深得士兵百姓爱戴，民间甚至称他为武曲星下凡。可是在文官们眼中，这些通通是罪名。武将越是受爱戴，危险性就越高。他们虽然找不出狄青真正的罪证，但是这并不妨碍他们浓墨重彩地渲染狄青有造反的能力。他们说来说去，不过就是这样的意思：武将立有战功，就会威胁到皇帝，不管他自己有没有这个念头。可是我们反过来想想，难道国家养武将就为了让他打败仗吗？

欧阳修、文彦博，这在历史上都是有名的贤臣，总不会有人说他们是奸臣。可是他们干的事情，难道不是在残害忠良吗？他们的手段，与南宋权奸秦桧迫害岳飞的手段何其相似。秦桧好歹还给岳飞安上一个“莫须有”的罪名，可是名臣如欧阳修、文彦博等人，则是以自己的实际行动告诉天下武将，要治你们，完全可以无凭无据。

以狄青的遭遇做标杆，我们就知道杨家将的那些悲壮故事，在宋朝是并不稀奇的。无论潘仁美是不是奸臣，无论王强是不是辽国奸细，他们早晚都会迫害杨家。堂堂大宋朝，无疑是文官的天堂，武将的地狱。很多优秀将领，没有死在敌人刀下，却生生被大宋那些自称为国为民的文官们折腾死了。说宋朝是良将的坟墓，一点也不过分。

由于宋朝对武将的极力打压、迫害，导致宋朝的边防形式越来越吃紧，最后终于被北方的游牧民族灭国。元朝灭亡南宋，是历史上中国第一次完全被游牧民族统治。由于当时的北方游牧民族在文化上比较落后，与汉民族的隔阂很大，所以他们入主中原，给当地人民带来了巨大灾难。人们在遭受兵革之苦的时候，也不免对宋王朝对外战争的失败做一些反省和思考。宋朝武将们的悲惨命运，很容易就会被人们当作外战失利的主因。普通百姓不会去认真研究宋朝皇帝重文抑武的国策，也很难去琢磨文官士大夫集团专权的弊端。在百姓眼中，大臣们只是有忠奸之别，忠勇的武将打了胜仗，回朝就被迫害，这肯定是奸臣所为。正是这样一种心态，催生了杨家将这一类小说，并形成了一种文艺作品的模式。

如果从文艺的角度来说，武将的悲惨命运恰好是创作的素材。正如同世界级的名著也以悲剧居多，关于杨家将的各种小说虽然文学水平较低，但是其悲壮的情节使得它们有很大的影响力。当我们为杨家所遭遇的不公平对待而伤心落泪时，就说明这个故事在艺术上是相当成功了。

没有宋朝武将们的悲剧，就不会有杨家将的故事。而杨家将的故事如果不悲壮，那就不会成为妇孺皆知的不朽传奇了。

乾隆朝的官场斗——和珅、刘墉、纪晓岚

清王朝是中国最后一个专制王朝，这个王朝的结束距现在也不过百年时间，所以这个朝代有丰富的传说、故事留传至今。在清朝的十二个皇帝中，故事最多、话题最多的，无疑是乾隆皇帝。清朝入关之后，经过康熙、雍正两朝的苦心经营，统治已经稳固，社会比较安定，经济上也得到了较大的发展。到了乾隆当皇帝的时候，已经是一派歌舞升平的太平盛世了。乾隆时期，是清朝国力最为强盛之时，但同时也是由强盛走向衰落的转折点。在与乾隆同时代的欧洲，资本主义正在高速发展，工业革命带来了近代文明的曙光，蒸汽机的发明使人类真正摆脱了对自然力的依赖。而古老的中国则在清朝的统治下故步自封、暮气沉沉，最终因为落后成为挨打的对象。

乾隆皇帝，庙号清高宗，姓爱新觉罗，名弘历。出生于公元1711年，卒于公元1799年，是中国历史上最长寿的皇帝。乾隆于公元1736年登基，1796年退位，当了六十年皇帝，仅次于他爷爷康熙的六十一年。但是康熙幼年即位，16岁之前朝政都为权臣把持，而乾隆即位之时正是年富力强，退位之后又当了三年的太上皇，仍掌握着实际权力。所以乾隆也是历史上掌权时间最久

的皇帝。

关于乾隆皇帝本人，就有很多为人津津乐道的传说，比如乾隆身世之谜。传说乾隆皇帝本不是雍正亲生，他的父亲姓陈，是朝中御史。陈御史得了儿子以后，被雍正皇帝（当时还是亲王）拿去调了包，换了一个女儿出来。这个传说在清末民国流传甚广，当代不少文艺作品也都在这上面大做文章。关于这个传说，我们也不用做什么严密的考证，就知道很离谱。雍正皇帝在乾隆皇帝弘历之前，已经生过四个儿子，虽然前三个都早夭，但是第四子弘时（在死去的前三个儿子中，有一个只活了两年的，没有列入排序，所以弘时虽然是第四子，但是按照排序的规矩，称“三阿哥”，一般书中也称其为雍正第三子）则活得好好的，等弘历出生的时候，弘时已经七岁了。而且在弘历出生三个月后，雍正第五子（如果算上没有排序的那个，则是第六子）弘昼也出生了。可以说此时的雍正并不缺儿子，何况当时还是康熙当皇帝，雍正只是个亲王，没有至高无上的权力，如果真干了这种事，极可能会使自己的政治前途终结。

关于乾隆的传说多，关于乾隆朝大臣们的传说也多，尤其是和珅、刘墉、纪晓岚，可以说是清朝历代大臣当中最出名的三个了。1996 年，北京电视台播出四十集电视连续剧《宰相刘罗锅》，深得大众好评，并掀起了一场“刘墉热”。李保田、张国立、王刚的表演出神入化，尤其是从这部片子开始，著名演员王刚成了“和珅专业户”，此后在多部电视剧中塑造了乾隆朝权臣和珅的形象。在 2000 年以后，《铁齿铜牙纪晓岚》系列电视剧连拍了四部，张国立饰演的纪晓岚形象，也深入人心。在这些电视剧中，以刘墉、纪晓岚为代表的正直大臣，智斗权臣和珅，巧劝乾隆皇帝，上演了一幕幕既风趣又耐人深思的话剧。

就让我们拨开传说的迷雾，看看历史上真实的和珅、刘墉和纪晓岚吧。

一　权倾天下的和珅

和珅生于公元1750年，也就是乾隆十五年，是满洲正红旗人，钮祜禄氏，本名善保，字致斋。和珅比乾隆皇帝小了39岁，从年龄上就可以看出，和珅是乾隆朝的后起之秀。他二十三岁进宫当差，是乾隆身边的三品侍卫（从行政级别上是正五品）。此后，和珅逐渐得到乾隆皇帝的信任，一步步飞黄腾达，最终成为朝堂之上首屈一指的大臣。

作为一个小小的侍卫，既不像外放的官员那样可以靠政绩来获得提升，又不能像皇帝身边的翰林们那样凭着学问得到皇帝的青睐。和珅却以皇帝侍卫为起点，最终做到了权倾一时的宰相，这不能不说是一个官场奇迹。关于和珅如何得到乾隆的青睐，说法很多。从野史记载来看，大概是和珅找了个机会，在乾隆面前卖弄了一下小聪明，使得他被乾隆另眼相看，最终从众多的侍卫中脱颖而出。

在各种传说和文学作品中，和珅往往是不学无术，靠着溜须拍马、揣摩圣意才最终飞黄腾达的。在传统相声名段《官场斗》中，和珅处处都被刘墉算计，在乾隆皇帝面前卖弄诗词歌赋、琴棋书画，也是屡屡沦为笑柄。比如有一个小故事，说乾隆、和珅、刘墉出去微服巡游，到了南通州（今江苏省南通市通州区）。乾隆帝有感于南北通州商业繁华，于是兴起之下作一上联：南通州，北通州，南北通州通南北。和珅为讨好乾隆，马上对出下联：东胡同，西胡同，东西胡同通东西。乾隆差点把鼻子气歪了，斥责和珅：你好歹也是个大学士，怎么对了这么一个四六不通的下联？旁边刘墉看得哈哈笑，乾隆就让刘墉来对，刘墉张口即来：东当铺、西当铺，东西当铺当东西。这个小故事明显表现出刘墉的才学出众以及和珅的不学无术。当然，也有人把这个故事的主角由刘墉换成了纪晓岚。

不过，历史上的和珅可不是这么个傻样。和珅少小好学，聪明伶俐，而且相貌俊秀，可以说是典型的才子形象。和珅参加过科举，不过没能考中，但是学识还是有的。他能得到乾隆重视，正是靠了机智和才学。据说有一次，乾隆帝打算出宫巡视，侍从人员忙着准备仪仗，可是慌乱之下找不到麾盖了。麾盖是皇帝仪仗中的重要物品，所以乾隆帝也很生气，他斥责道："虎兕出于押，龟玉毁于椟中，是谁之过？"这句话就是问谁来负责的意思。众侍从被皇帝的气势吓住了，只有和珅站出来说话："是典守者不能辞其责耳。"和珅替皇帝把问题回答了。乾隆一听，反而龙颜大悦，觉得这个侍卫水平不一般，于是就跟和珅聊了起来。这一聊可不得了，乾隆皇帝发现和珅饱读诗书，通晓古今，确实是不可多得的人才，于是开始提拔和珅。

也有一种说法，是和珅长相俊秀，所以深得乾隆皇帝喜爱，两人有同性恋情。这种说法虽难登大雅之堂，但是考虑到清代达官显贵好男风的恶习，乾隆皇帝恐怕不能独免。或许和珅与乾隆的特殊关系，也确实是和珅发迹的重要资本。

乾隆四十年（公元1775年），二十六岁的和珅被提升为乾清门侍卫。没过多少日子，又被提升为御前侍卫，并任满洲正蓝旗副都统。乾隆四十一年（公元1776年），二十七岁的和珅再次获得提升，正月授户部左侍郎，三月就进入了当时的核心权力部门——军机处，四月又兼任总管内务府大臣。随后又担任步军统领、崇文门税务监督。这样一来，和珅身兼数职，而且多是京城中的要职、肥缺。和珅仿佛是坐上了直升机，短短几年就由一个小小侍卫进入清朝的权力核心。

虽然和珅升迁很快，但这个时候毕竟还是靠的皇帝宠信。和珅在仕途上第一次展现其能力，是在乾隆四十五年（1780年）的一次外出查案。当时三十一岁的和珅和刑部侍郎喀宁阿一起去云南，调查云贵总督李侍尧的贪污案。和珅在这一次办案行动中，充分展示了他的精明干练。他一到云南，就拘捕了李侍尧的管家，迅速掌握了李侍尧的贪污罪证，使其伏法。随后，和珅又上奏折，提出改善云南政务、财务的若干举措，得到乾隆皇帝的认可。和珅回京之后，乾隆皇帝龙心大悦，给和珅六岁的儿子赐名丰绅殷德，并将自己最喜爱的小女儿和孝公主许配给丰绅殷德。乾隆与和珅结为儿女亲家，可谓荣宠备至。

当时的和珅虽然进入了军机处，但是论资历还是小辈，而且由于他升迁太快，很多人都看不惯他对皇帝溜须拍马的做派，所以在军机处里，和珅反而是比较受排挤。

但是同僚排挤不碍事，关键是皇帝喜欢。乾隆四十六年（1781年），甘肃发生起义。乾隆皇帝任命和珅为钦差大臣，与当时的军机处领班大臣阿桂一起前去督师。阿桂因为有病，所以让和珅先去。等和珅到了战场，清军已经快要取胜了。可是和珅胡乱部署、瞎指挥，清军居然反胜为败。幸好阿桂及时赶到，和珅还向阿桂告状，说将领们不服从指挥。但是阿桂下命令的时候，没有发现有人违令。阿桂说："诸将没人怠慢啊，那到底是谁的责任呢？"和珅知道阿桂这是在说自己，虽然生气，却没有办法。乾隆得知前线的情况后，就下旨申斥了和珅，让他回京。可是和珅回来以后，不仅没有受处分，反而又兼任了兵部尚书。

这样一来，阿桂更是耻于与和珅同列。另外的几个军机大臣，如王杰、董诰，也都很讨厌和珅，不愿意跟和珅一起工作，甚至因此出现了军机大臣不在同一天办公的现象。

乾隆皇帝知道阿桂与和珅不和，他喜欢和珅，但是阿桂文武全才，是乾隆最为倚重的大臣。两个人对乾隆都很重要，所以乾隆皇帝想了个办法，就是经常派阿桂在外领兵或者办理各种案件，而把和珅留在朝中。这样一来，军机处的权柄就逐渐被和珅掌握。

和珅如此受到乾隆的器重，第一点当然是因为他特别善于迎合皇帝。乾隆皇帝都喜欢什么、讨厌什么，和珅是一清二楚。乾隆喜欢书法、诗歌，和珅也在这方面下功夫。他刻意模仿乾隆的书法，写的诗也与乾隆志趣相投。以至于后来乾隆的一些诗、文都让和珅代笔。乾隆崇奉喇嘛教，和珅也把喇嘛教当成自己的信仰，两人之间又有了很多共同语言。和珅对乾隆的了解，真到了乾隆一张嘴，和珅就知道他要说什么话的程度。甚至史书记载，乾隆皇帝一咳嗽，和珅就知道把痰桶拿过来。这么善解人意的奴才，主子能不喜欢吗？

第二点，则是因为和珅确实有才学。乾隆不是那种只知花天酒地的败家皇帝，他的喜好，往好听了说，都是“雅好”。要是没点学问，普通人想去投其所好都做不到。而和珅有着不错的文学艺术修养，而且自身又肯钻研。这样，和珅的学识，也深为乾隆皇帝认可，两人之间还有着惺惺相惜的感情。而且和珅精通汉、满、蒙、藏四种文字，这样的本事在当时的朝臣中也是数得着的。

第三点，则是很重要的一点，就是历史上的和珅，是一个精明干练的官员，其为政的才能非常出色。这一点可以说是和珅受宠的很关键的因素。如果和珅办事的本事不强，那么仅凭前面那两点，他最多也就是个弄臣，成为乾隆皇帝的高级宠物。等到皇帝厌烦他的时候，他的好运气也就到头了。可是和珅的本事不仅仅是溜须拍马，更重要的是他确实工作能力强。处理李侍尧的案子，就是明证。另外，乾隆五十年和六十年时，分别举行了一次“千叟宴”，就是皇帝做东，邀请各地年长者赴宴，以此来标榜所谓“盛世”。第一次千叟宴，因为老人们等待皇帝，使饭菜变冷，弄得有点扫兴。第二次千叟宴，皇帝交给和珅来办理。和珅吸取上一次的教训，决定以涮羊肉来宴客。火锅这种吃法，至少不会出现饭菜变冷的情况，而且客人年老体虚，正好以羊肉来进补。这一招果然收到奇效，乾隆皇帝和各地来的老人们在酒宴上都很尽兴。据说我们现在看到的涮羊肉铜锅，就是经过和珅改进定型的。

和珅最大的本事，就是皇帝最缺什么，他就能给皇帝弄到什么。按说皇帝富有四海，还会缺什么东西吗？其实，乾隆皇帝晚期一直都缺钱。虽然经过康熙、雍正两朝的积累，乾隆即位时国库充盈，但是这位清高宗是个好大喜功的家伙，钱花得也快。因为各种兵事、工程，到了乾隆晚年，国库中已经没有什么银子了。恰恰在这个时候，和珅展示了他极强的理财能力，屡屡帮助乾隆解决困境。比如他推出了一种“议罪银”制度，就是官员犯错，可以用交罚款的方式来抵罪。而收上来的议罪银，不入国库，直接进入皇帝的内府，等于是进了乾隆的私人腰包，乾隆当然高兴。不过我们也知道，官员受了罚，肯定会通过层层摊派，把钱从老百姓身上再搜刮回来，最终也只是加重老百姓的负担罢了。

有了这些本事，难怪和珅在乾隆面前总是吃得开。在他的仕途中，虽然也有因为贪污、受贿而贬官的经历，但总的来说是一帆风顺，大的升迁就有四十七次。在乾隆晚年将皇位禅让给嘉庆之后不久，军机处领班大臣阿桂去世，和珅终于成为军机处领班，达到了个人权力的巅峰。此时和珅的官职有：军机处领班、文华殿大学士、翰林院掌院学士、领侍卫内大臣、镶黄旗都统、步兵统领，同时封一等忠襄公，兼管吏部、户部、刑部和理藩院。这么多的名号，如果拿今天的职务来衡量，大概就是一个人同时担任国务院总理、政治局常委、人事部长、财政部长、司法部长、民族事务委员会主任、军区司令员、北京卫戍区司令。这还只是说了一部分。

总之，和珅得势，一靠逢迎，二靠能力。民间传说中把他说得不学无术，只会拍马屁，这显然是出于人们对于奸臣的一种痛恨之情。和珅确实也做了不少坏事，他倚仗乾隆皇帝对他的宠信，经常在乾隆面前搬弄是非，陷害其他大臣。有些大臣犯了错，只要贿赂和珅，和珅就能帮他在皇帝面前说好话，使大事化小、小事化了。时间久了，和珅就成了天下贪官的总后台。

不过，和珅有本事也好，没本事也罢，他最为人熟知的，还是“史上第一贪”的名号。清嘉庆四年（公元1799年）正月，已经退位当了三年太上皇的乾隆皇帝病逝，和珅的靠山倒了。随后，就是弹劾和珅的奏折像雪片一般飞来。嘉庆皇帝下旨议罪，给和珅定下二十条大罪，论罪当凌迟处死。这个时候，在小说中跟和珅斗得死去活来的刘墉，却站出来求情，认为和珅毕竟是先皇宠信的重臣，应该赐其自尽。和珅的儿媳妇和孝公主也请求宽恕和珅。最后，和珅被赐自尽，在狱中以一条白绫结束了生命，享年四十九岁。

给和珅治罪的同时，嘉庆帝也下旨抄家。关于这次抄家所得，正史中记载并不详细，因为很多珍宝、古玩都没有估价。有一种说法是和珅家产折合白银达八亿两以上。当时清政府一年的国库收入是七千万两白银，和珅的家产，比他进入军机处这二十来年清政府国库收入的一半还多。更有资料认为和珅家产可能超过十亿两白银。和珅如此能敛财，主要是因为他身居要职，一辈子都在和钱打交道。而且和珅经常经手一些大工程，这里面有多少中饱私囊的机会？再加上和珅的兼职太多，民政、财政、司法、人事，他都管，本来这些机构互相之间有一些制衡作用，可是都归一个人管，那还制衡谁去？

另一方面，和珅确实富可敌国，以他的工资当然是不可能置下这么大一片家业的。可是我们也不能因此就说他的钱全是贪污来的。据各种史料上记载，乾隆皇帝平时对和珅的赏赐，就是一笔不小的数目。和珅家也开了很多买卖，其中包括钱庄、当铺等等。和珅以钱生钱的本事还是很出色的。

应该说，和珅敛财的行为，乾隆皇帝并非不知道，但是和珅确实又非常有用，即使不考虑皇帝对和珅的偏爱，仅以和珅办事的本领，皇帝也舍不得杀他。所以，和珅从一个小小的侍卫起家，短短几年就进入军机处，并掌权近二十年，还是需要以能力为后盾的。

和珅的家产被抄没之后，嘉庆皇帝的日子好过了很多，一下子就缓解了乾隆末年的“钱荒”。所以民间都说“和珅跌倒，嘉庆吃饱”。也正是因为如此，很多人都认为和珅是乾隆故意留给嘉庆的一个钱库。和珅一辈子苦心经营，置下家产，最后却为别人做嫁衣裳，自己反遭灭家厄运。和珅后代中，只有丰绅殷德作为驸马幸免于难，但是一辈子也过得很不如意，三十六岁就病死了。

二　刘罗锅是宰相吗

清朝统治中国二百六十多年，大大小小的官员数不胜数。在清朝众多的大臣当中，哪一个人气值最高？哪一个传说最多？哪一个最为老百姓津津乐道？说来说去，除了乾隆朝的宰相刘罗锅，恐怕还真没有哪个人能当此殊荣。

刘墉的故事，可以在很多戏曲、评书、相声等文艺作品中看到，真正是家喻户晓、人尽皆知。我们当代人中，说不清清朝十二帝名号的大有人在，可是不知道刘墉刘罗锅的，没有几个。随便在大街上找个人，问他刘墉的故事，恐怕他都能说出个一二。

以刘墉为主角的各种故事中，目前影响力最广泛的当数传统相声《官场斗》。《官场斗》又名《君臣斗》《满汉斗》《金殿斗智》等等，以表演的方式来说，属于单口相声。而严格地按照相声理论，《官场斗》属于相声艺术中的“八大棍儿”，也就是既可以当作相声，又可以当作评书来表演的节目。《官场斗》取材于竹板书《刘公案》，经历代相声前辈整理、修改，最终在相声界“单口大王”刘宝瑞这里被发扬光大。由刘宝瑞演播的《官场斗》，是公认的单口相声的经典之作，可惜的是刘老先生在“文革”期间不幸逝世，他表演的《官场斗》只有一些零散章节的录音留传下来。当代的很多相声名家也都表演过《官场斗》。

相声毕竟是戏说中的戏说，风趣幽默固然不假，但是插科打诨的桥段也多。关于刘墉的故事，比较正统一点的文艺载体，还是评书，这就不能不说说《刘公案》。《刘公案》本是鼓词性质的评书，表演时说唱结合，共一百零六回。评书的具体作者已不可考，应该是历代评书、鼓曲艺人加工而成。书中主要讲述了文华殿大学士、吏部天官刘墉奉旨去山东彻查巡抚国泰贪赃枉法之事。刘墉一路之上与贪官恶霸们斗智斗法，为黎民百姓申冤，不畏权贵，尤其是排除奸臣和珅的干扰，最终查清了国泰贪污一案，受到了皇帝的嘉奖。之后，刘墉继续在朝堂之上智斗奸臣、为民请命，成为一代名相。

《刘公案》也有评书的版本，现在我们能听到的有代表性的作品，是评书表演艺术家连丽如播讲的《刘公案》。

就是凭借着这些曲艺作品，刘墉这个名字深入人心，成为老百姓心目中清官的代表，也是人们惩治贪恶势力的希望。评书戏曲中，刘墉是佝偻着背、风趣幽默却又坚持原则的一代贤臣，是乾隆朝的中流砥柱，与乾隆皇帝既是君臣，又是朋友。他时刻会出一些歪点子戏耍和珅，也会用旁敲侧击、插科打诨的办法使皇帝听从自己的规劝。偶尔，他会惹乾隆生气，但往往乾隆皇帝拿他也无可奈何。刘墉是朝中正直大臣的代表，同时他也是一个聪明人，所以能屡屡在皇帝的盛怒之下保全自己，堪称朝臣楷模。

关于“刘罗锅”这个称号，还有一个很有趣的说法。据说一次金殿奏事，刘墉跪于殿下，乾隆皇帝看到他驼背，不禁出口说道：“刘墉，你还真是个罗锅啊。”刘墉一听，立即谢恩，皇帝有点奇怪，你谢什么恩呐？刘墉就说，大清朝的规矩，皇帝亲口御封一个字，每年就要有一万两白银的赏赐。皇帝赐我封号“罗锅”是两个字，我每年就能多得两万两白银啊。乾隆顿时语塞，可是觉得自己就这样被耍了很没面子，就作诗一首讽刺刘墉：“人生残疾是前缘，口在胸膛耳垂肩。仰面难得见日月，侧身才可见青天。卧似心字缺三点，立如弯弓少一弦。死后装殓省棺椁，笼屉之内即长眠。”刘墉知道乾隆是在笑话他，于是也对诗一首：“驼生脊背可存粮，人长驼背智谋广。文韬伴君定国策，武略戍边保安邦。臣虽不才知恩遇，承蒙万岁赐封赏。别看罗锅字不多，每年白得两万两。”

这一下，把乾隆的诗又给顶回去了。乾隆虽然生气，但是也不好发作。从此以后，“刘罗锅”这个称号就叫响了，刘墉每年还能多拿两万两银子。

这就是传说的刘墉得封“罗锅”的始末。按照很多曲艺作品的说法，刘墉本来也并不驼背，只是每次见到皇帝都要弯腰，时间久了，在皇帝眼中就成了罗锅。而刘墉又趁机向皇帝讨封赏，这才把“罗锅”两个字坐实了。刘宝瑞的《刘罗锅别传》里面，就采用了这种说法。

应该说，我们的曲艺表演艺术家们还是很有文化修养的，没有人云亦云地说刘墉天生驼背。事实上，史书中确实没有刘墉是驼背的记载。而且以中国古代的选官标准，一个人的外表相貌，是非常重要的。被选上当官的人，不能说个个相貌堂堂，但至少都能拿得出手。科举考试中，也不仅仅是考学问，对于一个人形体外貌也是有要求的。刘墉是通过科举进入官场的，如果真是驼背，那恐怕没有机会考中进士。

如果刘墉本来不是驼背，那么“刘罗锅”的称呼又是从何而来呢？原来，乾隆赐刘墉“罗锅”二字的故事，还真不是空穴来风。让刘墉落下“罗锅”这个称号的，确实是皇帝，但不是乾隆，而是乾隆的儿子嘉庆。嘉庆皇帝当皇子的时候，刘墉曾经是他的老师，所以这两人的关系一直不错。嘉庆当皇帝之后，刘墉已经八十多岁了，虽精神仍然矍铄，但是人一年老，难免有些弯腰驼背，嘉庆皇帝曾经称他为“刘驼子”。这本是一句戏言，但是经过多次流传之后，刘罗锅这个名号就尽人皆知了。本不驼背的刘墉被人们传成了罗锅，可见传说距离历史真实是何其遥远。

历史上的刘墉，年龄比乾隆皇帝略小，出生于公元1719年，死于公元1804年。刘墉是山东人，字崇如，号石庵，是乾隆十五年（1750年）进士。说到刘墉，就不能不说说他的父亲刘统勋。刘统勋是乾隆中期的股肱之臣，曾经当过两年的军机处领班大臣，以及刑部、工部、吏部三部的尚书，东阁大学士兼翰林院掌院学士，是名副其实的一人之下、万人之上，位列人臣之首。相比之下，刘墉在政治上的成就远远不如他老爸。

人们常说“宰相刘罗锅”，认为刘墉也是乾隆皇帝身边数一数二的大臣。如果说刘统勋、和珅这样的可以称为宰相的话，那么以刘墉的地位，就不太好说他是宰相。为了能把这个问题说清楚，我们先要了解一下古代中国的宰相制度。

严格地说，宰相不是一个官职，而是指一种制度。在这个制度下的最高长官，一般被称为丞相。中国早在先秦就有了宰相制度。宰相就是总管全国政务的官员，他们下管群官，上对皇帝负责。不过中国历史上皇权与相权之间总是有矛盾的，皇帝需要有一个政务负责人来帮助他管理国家，所以需要宰相。但是宰相的权力太大，又会把皇权架空。历史上也确实有很多权臣，身居宰相之位，把皇帝当成傀儡，比如王莽、曹操等人。在这种矛盾斗争之下，历朝的宰相制度都在不断变化，其内容十分复杂，我们也不准备多说。我们重点要谈的，是明代废除宰相制度。

明朝初年，发生了丞相胡惟庸谋反事件。这件事平定之后，明太祖朱元璋为防止权臣出现，就下旨废除丞相一职，以后永不再设。以前有丞相的时候，丞相是六部（吏、户、礼、兵、刑、工）的总负责人，并对皇帝负责，通俗地说也就是皇帝管丞相，丞相管六部。废除丞相之后，则是皇帝直接掌管六部事务，六部之上，不再有一个总的负责人了。

朱元璋这样做，确实加强了君主的权力。可是皇帝直接抓六部事务，大事小情都要皇帝过问，工作量剧增。当皇帝，抓权固然重要，但是总是没完没了地工作，这也太没意思了。于是朱元璋就召集了一些学识很好、但品级不高的官员为大学士，当自己的顾问，协助处理政务。大学士的品级不高，只有五品，但是平时在皇帝身边工作，可以接触核心事务。到明成祖朱棣的时候，形成制度，称内阁。从此内阁成为明朝的核心决策机构。但是内阁大学士品级毕竟较低，算不上高官，所以明朝中后期的内阁大学士往往都兼任某部尚书。这样内阁大学士的权力日重，后期的一些阁臣首辅，其权力已经与宰相无异了。当时的人们也习惯称权力较大的内阁大学士为宰相，虽然实际上明朝已经没有宰相了。

清朝在形式上继承了明朝的制度，但在内容上做了重大改动。清朝三殿三阁（文华殿、武英殿、保和殿，文渊阁、体仁阁、东阁）大学士的品级都是正一品，表面上是提高了内阁的地位，但实际上仅以大学士的身份已经无法参与核心事务了。清朝皇帝鉴于明代中后期阁臣权力增大的情况，有意架空内阁，转而任用一些与自己关系好的大臣来参赞机务。康熙时期，皇帝经常与自己信任的大臣在南书房办公。雍正时期，设立军机处。军机处开始只是处理军事事务的机构，后来职责扩大至国家政务。军机处的大臣们负责记录和执行皇帝的旨意，实际上是皇帝的秘书班子，论权力比不了过去的宰相、明朝的阁臣首辅，但确实也是国家大政方针的决策机构。所以清朝人认为，当了大学士的大臣，可以称为“中堂”，并非真宰相；只有入职军机处，才能称为真宰相。而军机处的领班军机大臣，就可以说是一国首相、朝臣之首。和绅和刘墉的父亲刘统勋都担任过军机处领班，是名副其实的真宰相。

历史上的刘墉，担任过吏部尚书、工部尚书、都察院左都御史、体仁阁大学士、上书房总师傅（负责教导皇子）等职。虽然职务很多，却没有能够进入军机处，所以算不上清朝权力核心中的人物。在嘉庆年间，有一次嘉庆皇帝出巡热河，刘墉留在京城主理朝政，这么看来倒是有点宰相的意思，可惜只是临时的。一直到刘墉去世，他都没有机会进入军机处，从这个意义上说，刘罗锅并非宰相。但是刘墉毕竟也入了内阁，任体仁阁大学士，所以称他为“刘中堂”还是合适的。

刘墉既然不是宰相，当然没有实力跟和珅斗来斗去了。那么刘墉到底是不是像传说中那样正直、机智呢？

刘墉是正统科举出身的进士，他初入仕途的时候，父亲刘统勋还处在其政治生涯的上升期。随着乾隆皇帝对刘统勋的倚重，刘墉也很得皇帝照顾。1773年，刘统勋病故，刘墉回乡服丧三年，于1776年回京。乾隆念刘统勋多年的功绩，且刘墉又很有才学，于是调他进内阁，并在南书房任职。几年后，刘墉又外放任湖南巡抚，在任期间政绩卓著，深得百姓爱戴，把湖南治理得井井有条。调回京城后，刘墉又任都察院左都御史，并于1781年被乾隆派往山东调查巡抚国泰舞弊一案，这件事在《刘公案》等小说中被详细描写，突出了刘墉刚直不阿的品格。在历史上，刘墉也确实是秉公办理，与御史钱沣一道，坚决彻查国泰，并最终在和珅等权贵的干扰下，使国泰伏法。在这个案件中，刘墉以其不畏权贵、办案有方而得到百姓赞誉，乾隆也对刘墉赞许有加。

可是自从这次国泰案之后，刘墉的为官态度似乎有了一个大的转变。他不再勤于政事，而是得过且过。对于朝中权贵贪赃枉法的行为，他也虚与委蛇，各方都不得罪。在主政吏部的时候，有一次乾隆向他询问某官员的升迁，他回答了一句“也可”，让皇帝大为恼怒，认为他没有原则。面对和珅势力的崛起，刘墉的选择是既不掺和，也不得罪。虽然有史料记载刘墉并不阿附和珅，但是很显然他既没有能力、也没有意愿去与和珅斗争。总之这个时候的刘墉为人圆滑，丢了棱角，处处明哲保身，还多次因为慵懒失职而被皇帝责罚。

但是在乾隆退位之后，刘墉又开始活跃起来。嘉庆皇帝惩治和珅的事，就交给刘墉主办。和珅的二十条大罪，基本上就是刘墉拟定的。其实以刘墉与和珅的关系来看，两人既不算关系好，也不算很差，基本上就是没有什么交集。但正是因为和珅的倒台与刘墉有关，所以民间才误以为刘墉一辈子都在与和珅斗法。

比较有意思的是，扳倒和珅以后，刘墉还为和珅求情，把凌迟改成了赐死。这样看来，和珅还真得感谢刘墉，因为毕竟他被抄家处死这个事是注定的，即使没有刘墉，他也免不了一死，能保个全尸就该谢天谢地了。

刘墉的政治才能，还表现在为和珅一案善后方面。因为和珅当权日久，党羽众多，所以和珅被杀之后，那些与他有牵连的官吏都惶惶不可终日。这个时候刘墉上奏折说明情况，让嘉庆皇帝尽快了结此案。于是嘉庆下旨，和珅已经伏法，本案到此为止，宣布结案，不再继续追究。这样才稳定了人心，使嘉庆的统治稳固下来。

在嘉庆初年，刘墉也很受皇帝信任，不过还是没有入职军机的机会。纵观刘墉一生，可称中规中矩、波澜不惊，既不是权臣，也不是奸臣，只是一个有点能力的普通大臣而已。

历史上的刘墉真正出彩的地方，是他的书法。刘墉是清代书法四大家之一，他题写的扇面，至今仍是书法爱好者收藏的珍品。另外刘墉的学问也很出色，擅长写诗作文，著有《石庵诗集》。

由于刘墉在扳倒和珅时发挥了巨大作用，民间便把他想象为一生都在与奸臣作斗争的清官能臣，从而演绎出了众多令人捧腹但又发人深省的传说故事。这真是“故事里的事，说是就是，不是也是”。

三　一代才子纪晓岚

说完了刘墉与和珅，再来说说纪晓岚。

近几年纪晓岚在电视荧幕上出镜率很高，最有影响的就是张铁林、张国立、王刚主演的电视剧《铁齿铜牙纪晓岚》，剧中纪晓岚是与和珅并列的当朝权臣，与和珅一样，深得乾隆皇帝信任。剧情的整体思路有些类似《宰相刘罗锅》，只不过智斗和珅的人由刘墉换成了纪晓岚。

纪晓岚身上的各种有趣传说确实不少，而且也有很多戏耍和珅的段子。纪晓岚和刘墉的很多故事，情节是一样的，只是有的版本中主角是刘墉，有些则是纪晓岚。

关于纪晓岚和乾隆逗闷子的故事也有很多，比如那个著名的“老头子”的传说。乾隆帝修《四库全书》，命纪昀为四库全书馆总纂官。有一年正值盛夏，纪晓岚因体胖难耐酷暑，便在工作时脱掉上衣，光着膀子编书。正巧乾隆帝过来视察《四库全书》编纂的进度，眼看就要进屋了。纪晓岚来不及穿衣服，只好钻到桌子底下。乾隆来了之后，很奇怪纪晓岚居然不在，与其他的编纂人员聊了几句，就猜到了八九分。于是乾隆故意不说话，等着纪晓岚出来。过了一会儿，纪晓岚在桌子下面趴得难受，只好探头问同事们：“老头子已经走了吗？”话音刚落，发现乾隆帝就在他身边坐着呢！这下坏了，乾隆大怒，问纪晓岚：“这‘老头子’三个字，作何解释？以此称呼皇帝，是不是大不敬的罪过？”大家都以为纪晓岚这次闯了大祸，他却眉头一皱，计上心来，答道：“万寿无疆之谓老，顶天立地之谓头，父母天地又谓天之子，简称为‘老头子’。”乾隆皇帝听了他的解释，转怒为喜，不仅不责罚纪晓岚，反而表扬了他几句。从此，“老头子”这个称号流传开来，不仅用于妻子称呼丈夫、儿子称呼父亲，就连下属称呼上司，也都用这个词。当然，无论怎么用，都带点戏谑色彩罢了。

历史上的纪晓岚，名叫纪昀，字晓岚，出身于河北的一个书香门第。纪昀生于 1724 年，死于 1805 年，是清代著名文学家。他在学术史上的地位比在政治史上的地位要高得多。

历史上的纪晓岚，仕途还算顺利。他三十一岁考中进士，进入翰林院，随后屡有升迁，只是在 1768 年犯了错误，被贬到乌鲁木齐从军，不过很快就被召回了。回京之后，因为才学出众，被乾隆皇帝任命为《四库全书》总纂官，负责编纂《四库全书》的工作。经历十三年时间，《四库全书》编成，乾隆皇帝十分满意。在编纂《四库全书》期间，纪晓岚还升任内阁学士、兵部侍郎、左都御史等职务。《四库全书》编成，他又当上了礼部尚书。到了嘉庆年间，纪晓岚还在继续升官，一直当到了协办大学士。

从我们前面对清代内阁、军机处的介绍，可以看出，纪晓岚的政治地位比刘墉还要低一些。从内阁中的职务来看，刘墉是正牌的体仁阁大学士，而纪晓岚只是协办大学士，这就差着一级呢。从其他职务看，刘墉身兼吏部尚书之职，吏部主管官员的升迁任免，在六部之中地位最高、权力最重。而纪晓岚虽然数次出任礼部尚书，可是负责典礼、仪式、文化事务的礼部，论地位怎么也比不了吏部。所以我们说，刘墉虽不是真宰相，但称他“刘中堂”也是名副其实的。纪晓岚则根本与宰相不沾边，更别说进入清朝的核心决策层了。

从史书记载来看，纪晓岚的人生，与和珅也没有什么交集。两人可能没打过什么交道，也不会像电视剧里那样斗得不可开交。由于纪晓岚仕途中很大一部分时间都是在编书，所以卷入朝堂斗争的机会也不多。总的来说，纪晓岚只能算是清朝中央高官中的低等官员。

在各种传说故事中，纪晓岚和刘墉这两人很少同时出现。主讲纪晓岚的故事，刘墉就被忽略；主讲刘墉的故事，纪晓岚一般也不登场。可是我们知道，他们两人都是历史上实实在在的人物，那么这两个人的关系如何呢？

说道刘、纪两人的关系，就不能不说说刘墉的父亲刘统勋。纪晓岚二十四岁的时候，应顺天府乡试，名列第一。当时的考官中就有刘统勋，按照古时的规矩，刘统勋就算是纪晓岚的座师，而纪晓岚则是刘统勋的学生。也正是凭着这层关系，纪晓岚也成为刘家的熟人，与刘墉是称兄道弟的。纪晓岚和刘墉都是当时的文化名人，两人对对方的才能也都很认可。纪晓岚诗文写得好，刘墉的书法堪称一绝。两人经常有书信往来，切磋学问。刘墉和纪晓岚都喜欢收集砚台，所以到了晚年刘墉还赠砚给纪晓岚，两人关系之密切，可见一斑。各种传说故事中没能把这一点反映出来，也不能不说是个遗憾。就笔者所知，目前唯一的一部让刘墉和纪晓岚同时出场的电视剧，是焦晃主演的《乾隆王朝》。剧中让和珅、刘墉和纪晓岚同时担任军机大臣，这显然是编剧迎合了观众的某些心理期待。

纪晓岚在政治上的作为乏善可陈，但是提到中国的文化，就不能不说说他，这主要归因于那部《四库全书》。

《四库全书》是对中国古代典籍进行搜集、整理、归类而成的一部古代最大的丛书。这套丛书把各种典籍按照经、史、子、集四部进行分类，经指儒家经典，史指历史著作，子是诸子百家，集为文学作品。《四库全书》的编纂，被乾隆视为一大盛事，所以相当重视。《四库全书》的编纂成功，也确实是文化史上的一件大事。纪晓岚不仅主持编定了《四库全书》，而且亲作《四库全书总目提要》以及《四库全书简明目录》，这在中国学术史上都有重要意义。

《四库全书》固然整理、保存了很多珍贵典籍，但是在其编定过程中，清朝政府大肆销毁、篡改那些对清朝统治不利的书籍，很多古书不知所踪，留存下来的也被改得面目全非。这种阉割文化的行为，无疑是中国传统学术的巨大损失。关于编定《四库全书》到底是文化盛事还是文化浩劫，至今仍争论不休。但无论怎么说，纪晓岚作为这个事件的核心人物，必然不会被人们遗忘。从这个意义上说，和珅等权臣虽然权倾一时，但毕竟是过眼云烟。而纪晓岚的名字，则会伴随着学术史的进程而流传下去。

四　乾隆朝无权臣

朝堂之上的忠奸对立一直是各种话本小说中极为常见的设定，

也很能引起读者的共鸣。那些奸臣们权倾朝野、蒙蔽圣聪，皇帝屡屡被他们欺骗，却又无原则地宠信他们；而朝中的正直大臣们则与奸臣做着不屈不挠的斗争，以维护社会的公正、百姓的利益。

如果只看各种历史小说，我们会有一种印象，就是忠奸斗贯穿于历史各个朝代。如果是天下大乱即将出现，那一定是朝中奸臣势力太大，忠臣寥寥无几，比如《水浒传》描写的北宋末年。如果是天下太平，那么一定是忠臣与奸臣互相争斗，最终是奸臣失败，比如《官场斗》这类故事。为了突出表现忠臣一方的力量，本来不是宰相的刘墉在传说中被说成宰相，故事赋予了他足以与和珅抗衡的职权。

当然，我们以历史的眼光来看，和珅未必一无是处，刘墉、纪晓岚也不是真的刚正不阿。这谁奸谁忠的问题，还真的挺复杂的。

其实，在乾隆皇帝眼中，谁奸谁忠根本就不重要。谁能给皇帝解决实际问题，谁就能获得更高的官位、更重的权力。和珅能办事，能为皇帝分忧解难，本着能者多劳的精神，皇帝当然愿意把事情尽可能都交给他去办。刘墉办事能力倒也不差，可是这位老兄一进中央就被各种明争暗斗吓着了，从此明哲保身，不再出头。你自己都不愿意管事了，皇帝干吗还给你权力？至于纪晓岚，净忙着编书了，也没能在政治上有所表现，皇帝一看，既然这样，你就安心编书吧，别的事情也不用你管了，权力当然也不给你了。

乾隆皇帝自有他的一套人才观。他曾经说过，本朝没有什么名臣，但是也没有奸臣。乾隆还非常反感有人提到什么名臣、权臣的说法。在乾隆看来，臣子只是皇帝办事的工具，皇帝可以给臣子权力，但是这种权力想收回就可以收回。所有的决定权都在皇帝手中，臣子只能任凭皇帝摆布。从实际效果上看，乾隆确实也做到了大权在握、乾纲独断。

前面我们已经说过，在国家最高权力机构的设置上，明朝是内阁，清朝是军机处。明朝的阁臣中确实出了几个权臣，最典型的就是嘉靖、万历朝的张居正。由于明代阁臣可以兼管六部，再加上其他各种制度，使得内阁权力极大，甚至可以在没有皇帝的情况之下维持国家机构的正常运转。有些人认为明朝很多皇帝都很懒惰，经常几年不理政务，而清朝的皇帝则大多比较勤勉。其实问题不是这么简单。应该说明朝的制度建设是比较成功的，皇帝也更愿意相信制度的力量。相比之下，清朝以军机处架空内阁，而军机处的基本职责就是记录、传达皇帝的旨意（当然有时也有决策作用），无法离开皇帝独立维持国家机器的运行。清朝的皇帝也不怎么相信制度，他们更倾向于与大臣之间建立私人信赖关系，并以此来控制权力。明朝时期，重臣和皇帝关系冷漠甚至敌对的情况很多，而清朝的重臣几乎无一不和皇帝关系密切、私交很好。很多书籍、资料中往往把这当成美谈，但实际上这到底是政治上的进步还是退步，我们实在不好说。不过清朝皇帝的这个特点倒也为传说故事中君臣逗闷子的情节提供了依据，《官场斗》中刘墉与乾隆之间的那些逸事，其实某种程度上也是这种现象的真实写照。

乾隆皇帝对权力的控制，还体现在他对大臣的选择上。康熙、雍正两朝，很重视任用汉臣担任要职，不仅中央的要害部门中汉臣很多，地方督抚当中汉臣的势力也比较大。比如雍正年间，最受雍正信任的朝中大员是汉臣张廷玉，而最被信任的三大总督田文镜、李卫、鄂尔泰，只有鄂尔泰一个是满臣。应该说形成这样的局面，既有历史环境因素，也有皇帝个人喜好的因素。康熙年间，清朝入关不久，亟需稳定统治。重用汉人为官，有缓和民族矛盾的目的。而且清朝崛起的过程中，从明朝投降过来的汉臣、汉军都发挥了重要作用，康熙也需要照顾他们的利益。雍正皇帝则是因为与其他皇子争夺皇位，导致他在满洲人内部政敌太多，不得已重用汉人，而且雍正皇帝自己对汉族文化也十分推崇。经历了这两代人之后，清朝的统治已经基本稳固，乾隆皇帝就一改父祖作风，抑制汉臣力量，重用满臣。

乾隆在位六十年，在这么长的时间里，军机处的人员变化很大，领班大臣也经常改变。但是总的来说，乾隆的原则是能用满人，就不用汉人。乾隆初年汉臣张廷玉势力很大，论资历也远高于其他同僚，但乾隆就是不想让他当军机处领班大臣，张廷玉只在鄂尔泰病逝之后短暂领班军机，随后乾隆就提拔讷亲取代了张廷玉。在整个乾隆朝，真正担任过领班军机大臣的汉人只有刘统勋和于敏中两人，其中刘统勋只当了两年，于敏中则当政六年。至于乾隆早期的鄂尔泰、讷亲，中期的傅恒、尹继善，晚期的阿桂，以至于嘉庆初年（此时仍是乾隆掌权）的和珅，都是满臣。至于地方督抚，汉臣的比例也大大减少。

乾隆皇帝对权力十分重视，他从细微处杜绝一切皇权衰落的可能，所以重用满臣、抑制汉臣，也是这一思路的反映，毕竟作为自家人的满臣，比起汉臣总是更让人放心一些。从这个意义上说，和珅比刘墉、纪晓岚更受重视、权力更大，也是在情理之中的。

乾隆为了防止权臣出现，还一改成例，经常对军机大臣进行破格提拔。所以乾隆中后期，有一个很有意思的现象，就是做到内阁大学士的正一品大员，未必能进军机处；而进了军机处的，则有可能只是一个协办大学士。以刘墉体仁阁大学士、吏部尚书等身份，放在乾隆早期，也足够进军机处的资格了。可是乾隆对军机处这种“不拘一格降人才”的做法，正统科举出身的刘墉反而与军机处无缘。说到底，乾隆对军机处的要求，一是能办事、能掌权，二是好控制。

和珅的崛起不是偶然现象。在乾隆中期，傅恒、尹继善相继去世之后，满臣中人才凋零的现象已经很明显了，所以乾隆不得已连用两个汉人刘统勋、于敏中为军机领班。和珅既是满人，而且又有比较强的办事能力，尤其是他是乾隆身边侍卫出身，与乾隆关系密切，很早就得到了乾隆的信任。这样的人当然会得到乾隆的器重。

和珅与阿桂，同是乾隆后期满臣中的翘楚。军机处里，也以这两个人的势力最大。但是和珅的人缘很不好，大臣们无论满汉，大多对他有意见。阿桂跟和珅就非常不和。看着军机处的一把手和二把手势同水火，不知乾隆皇帝对他的人事安排作何感想。或许这也是乾隆为了防止重臣专权而有意为之吧。

正是因为和珅的势力与各方矛盾很大，所以乾隆死后，嘉庆才能一道旨意就扳倒和珅。权倾天下的和珅，也挡不住皇权的致命一击，可见，和珅固然可称得上史上第一贪官，但是确实算不上什么权臣。

归根结底，乾隆皇帝还是喜欢抓权，喜欢乾纲独断。在他看来，国家治理得好，所有功劳都是皇帝的。大臣们只是皇帝的奴才，只有给皇帝办事的本分，却没有与皇帝分权的资格。中国宋、明等朝代的皇帝，最怕别人说自己是独夫民贼，所以就经常强调自己是与士大夫共治天下。但在乾隆这里，“共治”这样的词是很少提的。

乾隆朝无权臣，无论和珅、刘墉、纪晓岚在官场上斗与不斗，他们都离不开乾隆皇帝的手掌心。